♡シン・結婚♡

3・5・8の教えを学べば、あなたの人生は最幸になる

丈 玄空
JOE SHIZUKU

幻冬舎MC

シン・結婚

3・5・8の教えを学べば、あなたの人生は最幸になる

はじめに

結婚を4回もするとは思っていませんでした。そして、また離婚を考えていたある日、一冊の本に出会いました。それが、小林正観《せいかん》さんの『3秒で人生が楽になる悟りの法則』（総合法令出版・2018年）という本です。一気に立ち読みしたのが、2018年11月30日、今から約5年前です。その時初めて、私自身が「4回の結婚」を正当化できて、スーッと気持ちが穏やかになりました。この本は、私にとっては「目からウロコ的な情報」が満載でしたが、人によっては信じられない内容かもしれません。私がこれから説明する内容は、小林正観さんの考えを下支えに、私の4回の結婚及び3回の離婚経験を整理した内容になります。

本書は大きく3つのパートに分かれています。最初の3章は「結婚の根本的な考え方」、次の5章は「結婚するための行動論」、最後の8章は「結婚後の行動論」を説明しています。本のタイトルにある「3・5・8の教え」ですが、小林正観さんは、「358」という数字の秘められた力についてよく語っていました。『神さまの見方は私の味方』（宝来社・2009年）によると、次のようにあります。

〝お釈迦さまは、「人間には3つの祭日（3祭日）がある」と言いました。一つ目が「誕生日」、二つ目が「悟り日」、三つ目が「命日」。お釈迦さまの場合は、旧暦で4月8日が誕生日、12月8日が悟り日、2月15日が命日です。

もしかすると、今日、何となく自分の中でわだかまっていたものが全部氷解した、と思う人がいるかもしれません。そうすると今日が悟り日、すなわち精神の誕生日、第二誕生日になります。お釈迦さまは「3祭日の中で最も重要なのが悟り日である」と言いました。お釈迦さまは12月8日の朝、朝日を浴びて、「私は悟った」と叫びました。そこからお釈迦さまの45年ほどにわたる説法が始まりました。お釈迦さまが悟ったのは、ちょうど35歳と8ヶ月になったときのことです。35歳と8ヶ月というのは数字が358と並んでいますが、聖書の中に「666は悪魔の数字で358は聖なる数字」という記述があるらしいです。私は「3」「5」「8」という数字ととても縁があります。例えば、小林正観の「小」の字が3画で、「林」が8画で、「正」の字が5画。今、住んでいる家の住所や自宅の電話番号、携帯電話の番号にも、「3」「5」「8」という数字が入っています。免許証や健康保険証の番号、電話番号、生年月日というようなものに「3」「5」「8」という数字をたくさん持っている人は、神さまからのメッセージを受けやすいようです。私の周りでは100人を超える人が、銀行口座の暗証番号に「3」「5」「8」を組み合わせた数字を使用し始めました。そうしたところ、ほとんどの人は、その預金口座は、なぜかお金が増え続けて減っていかないそうです。私は、車のナンバーも358を取ったところ、通常言われているよりも2割から3割燃費が良くなりました。熊本から伊東まで車で来た人がいるのですが、「今までの燃費と358にしてからの燃費が3割違った」と言っていました。西遊記の中で、玄奘三蔵がシルクロードを旅していたときに従者としてお供したのが、沙悟浄（さ＝3）、孫悟空（ご＝5）、八戒（は＝8）の3人。徳川家は15代まで将軍が続きましたが、初代（家康）と末代（慶喜）は皆さん知っていると思います。それ以外で知っているのは、3代（家光）と5代（綱吉）と8代（吉宗）でしょう。奈良や京都などを

「みやこ（都）」と呼んできましたが、これを数字に置き換えると「385」。空海さんが入滅したのは、西暦835年。日本への仏教伝来は、538年。このように「3」「5」「8」という数字が集まったものには、すごいパワーがあるようです。〝

実は私のペンネーム「丈 玄空（じょう しずく）」も3・5・8になっています。

さて、結婚の教えを説明するに当たって、「縁を感じている曲」があります。それは、globeの『FACES PLACES』です。先ほどの3・5・8章の頭文字は「THE（3）FACES（5）PLACES RT（8）」になります。著作権の問題上、歌詞を引用できませんが、私がこれから説明して行く内容に共鳴できる曲だと感じています。つまり、本書のテーマは、globeの『FACES PLACES』のRT（リツイート）だと考えています。

◎**結婚の根本的な考え方**（3章）

T＝THEORY（シン・結婚論：結婚とは何か、どうすれば結婚できるのか）

H＝HUMAN（人間論：人間とは何か、生物学的の人間の機能）

E＝EARTHLING（地球人論：地球人とは何か、男性は火星人・女性は金星人）

◎結婚するための行動論（5章）

F＝FIVE（好きと嫌いの魔法5：好きな相手と嫌いな相手のそれぞれ5つのコト）
A＝AREA（出会いの場所：結婚相手と会える地域の考え方）
C＝CHANCE（出会いのチャンス：結婚相手と会える機会の考え方）
E＝EXPERIENCE（経験：結婚相手と会うために必要な経験）
S＝SELECTION（選別：結婚相手としての選別方法）

◎結婚後の行動論（8章）

P＝PLAN（計画：結婚してすぐに話し合うべき計画）
L＝LOOK（褒める：結婚相手を褒める方法）
A＝ALLOW（許す：結婚相手を許す方法）
C＝CHECK（確認する：結婚相手の心の状態を確認する方法）

E＝ENCOURAGE（励ます：結婚相手を励ます方法）
S＝SEXUALITY（性的関心：結婚相手の性的関心を理解する方法）
R＝RESPECT（尊敬：結婚相手を尊敬する方法）
T＝THANKS（感謝：結婚相手に感謝する方法）

全部で16章になりますが、どこから読んでも、あなたの悩みを解決する答えが見つかると思います。

また、次のような理由で悩んでいるアナタにとってこの本はバイブルになるかもしれません。

・恋愛経験はあるけど、結婚相手に会えない。
・結婚したいのに彼氏がプロポーズしてくれない。
・同棲しているが、いつ結婚するのか分からない。
・結婚したけど、夫と会話がない。
・子供ができたら、さらに夫と会話がなくなった。

さらに、結婚する友達夫婦にプレゼントしてもらえたら嬉しいです。
さあ、短いお付き合いですが、始めましょう！

目次

第1章

結婚の根本的な考え方1　シン・結婚論：THEORY

って言っていたのを思い出す。昔、女の子が「大きくなったら、お嫁さんになるの！」って言っていたのを思い出す。男の子は「宇宙飛行士やパイロットになる！」って言ってた頃です。

「昭和」・「平成」・「令和」とあっという間に、元号が2つも変わってしまった。「昭和」の頃の結婚と「平成」の頃の結婚はそんなに変化がなかったように思えるが、「令和」になって『ＬＧＢＴ』が叫ばれるようになり、同性婚が認められる世の中、「結婚」も新しい時代に入ったと思います。自分なりに、「昭和」で恋愛し、「平成」に結婚した体験に基づいて、『シン・結婚＝令和以降の結婚のあり方』について論じてみたいと思います。

まずは自己紹介から始めさせていただきます。１９６４年（昭和39年）に長野県善光寺そばで生まれ、東京都渋谷区の幼稚園・中野区の小学校・中学校・都立の高校を卒業し、私立大学の経済学科でコンピュータの勉強をして、１９８８年にＩＴ会社に就職し、34年勤めて、昨年退職しました。２０２３年現在59歳で、４回結婚をしました。

1回目は会社の後輩で、3歳年下のテニス大好きなお嬢様でした。離婚の理由は3年後には会社を辞めて子供を産むと約束していたのに、彼女は仕事を優先し、一向に子供を産まないことでした。

2回目は2人の男の子を育てていたシングルマザーで、雑誌にコラムを持っている女性でした。離婚理由は私の子供を身籠ったのですが、産んでもらえなかったからです。

3回目は初婚で、カメラマンかつ編集をしている個人事業主の女性でした。離婚の理由は私と喧嘩が増え、実家に帰ると言いながら、実は元彼と旅行していたことです。

4回目の今の妻とは3回目の女性との離婚直後に出会い、お互い子供が欲しかったことから仲良くなり、結婚後1年で、可愛い娘を産んでいただきました。

あくまでも上記離婚理由は私が感じている理由であり、相手の離婚理由は異なると思います。私の結婚は自分本位であり、最初は出世のため等であり、2回目の離婚で自殺を考えた後、それ以降は「死ぬまでに自分の子供に会いたい（抱きかかえたい）」

でした。そういう意味では、４回結婚して子供が生まれ、私の夢は実現しました。何で４回も結婚が必要だったのか？　その答えが、小林正観さんの『３秒で人生が楽になる悟りの法則』という本に書かれていました。詳しくは説明しませんが、私の人生は私が生まれる前に書いたシナリオ通りに進んでいるそうです。そうなんです、「４回の結婚」は私にとって、必然だったのです。

４回結婚しないと、子供に出会えなかったのです。私の中では「結婚＝子供を作ること＝家族を作ること」ですが、令和の今の結婚はどうなっているのでしょうか？

そもそも、結婚＝婚姻であり、婚姻届を提出し、夫婦になること。夫婦＝男女。それが、男女でなくとも、男と男でも、女と女でもよい時代になった。

日本の法律では、同性婚は認められていないが、「パートナーシップ証明」というのがあります。日本LGBTサポート協会によると、次のようにあります。

〝同性パートナーシップ制度とは「各自治体が同性同士のカップルを婚姻に相当する関係と認め証明書を発行する制度」で、２０１５年11月に東京都渋谷区と世田谷区で施行され、２０２１年10月現在では１３０の自治体で施行されています。全国総人口

４割以上の自治体人口をカバーしており、全国に広がりをみせています。〞

さて、男女間の結婚は今どうなっているんだろう？

内閣府ホームページの平成25年度「少子化社会対策大綱の見直しに向けた意識調査」報告書 全体版第2章　調査結果によると、次のようにあります。

〝20歳～59歳の男女のうち、結婚していない人を対象に、将来結婚する意志があるか聞いたところ、39歳以下の未婚の男女では「いずれは結婚したい」が45・1％、「2～3年以内に結婚したい」が16・8％、「すぐにでも結婚したい」が14・6％となっている。

結婚したい理由は、39歳以下の未婚の男女では、「家庭を持ちたいから」が60・9％と最も高く、次いで「子どもが欲しいから」が45・3％となっている。

39歳以下の未婚の男女では、将来結婚する意志について「結婚するつもりはない」と回答した人は23・5％と2割を超えている。「結婚するつもりはない」と回答した人の割合は、40歳～49歳の未婚の男女では39・4％、50歳～59歳では61・5％と、年代があがるにつれて高くなっている。

結婚したくない理由は、39歳以下の未婚の男女では「自分の時間を失いたくない」が44・6％と最も多く、次いで「異性とうまく付き合えない・恋愛がめんどう」が43・7％、「適当な相手がいない」が40・1％、「経済的な制約が増える」が37・7％となっている。〟


さらに、内閣府ホームページの平成30年版「少子化社会対策白書」全体版　第1部少子化対策の現状（第1章3）によると、次のようにあります。

〝婚姻件数は、第1次ベビーブーム世代が25歳前後の年齢を迎えた1970（昭和45）年から1974（昭和49）年にかけて年間100万組を超え、婚姻率（人口千人当たりの婚姻件数）もおおむね10・0以上であった。その後は、婚姻件数、婚姻率ともに低下傾向となり、1978（昭和53）年以降2010（平成22）年までは、おおよそ年間70万組台で増減を繰り返しながら推移してきたが、2011（平成23）年以降、年間60万組台で推移しており、2016（平成28）年は、62万531組（対前年比14・625組減）と、過去最低となった。婚姻率も5・0と過去最低となり、１９７０年代前半と比べると半分の水準となっている。〟

『セキララ・ゼクシィ：結婚を決めた理由は？なぜ結婚したの？男性・女性の本音調査』によると、次のようにあります。

〝アンケートで聞いてみたところ、男女共に多かった「結婚を決めた理由」は以下の通り！

1位：これから先もずっと一緒にいたいと思ったから
2位：これ以上の人には出会えないと感じたから
3位：安心できる場所が欲しかったから
4位：子どもが欲しいから〟

私の夢だった「子供が欲しいから」は4位です。

個人的には、ずっと一緒にいたい人と家族になることは、一人で楽しむどんなことよりも楽しいし、生きがいに繋がります。さらに、子供が増えることで、喜びも倍増します。

「シン・結婚論」としては、「結婚＝ずっと一緒にいたい、家族になりたい人との契約」と定義します。

そこで、大事になるのは、「一緒にいたい」・「家族になりたい」の価値観を男女・男男・女女で共通認識できるかどうか。

「一緒にいたい」と思っていたが、結婚したら「一緒にいたくなくなった」。「家族になりたい」と思っていたが、結婚したら「子供は欲しくなくなった」。そうなると、「離婚」になってしまう。

男女で結婚する場合、男が「一緒にいたい」・「家族になりたい」と思い、結婚を決める時（タイミング）と、女が「一緒にいたい」・「家族になりたい」と思い、結婚を決める時（タイミング）がうまく合致する出会いが必要です。

結婚はタイミングが合うか合わないかが、相性がどうのこうのとか、お互いの家族がどうだとかよりも、大事なキーワードだと思って欲しいです。

それでは、タイミングとは？　一体どんな状況なのか？　男性にとって、結婚のタイミングは、定職が決まり、年収が安定した時が一般的。女性にとってはどうだろう？　男性よりも仕事のタイミングより、年齢的な要素が大きいような気がします。よって、ベストなタイミングとは、結婚したい女性が、結婚適齢期（結婚準備ができている）の男性と付き合い、プロポーズしてもらうことです。

そうすると、付き合った男性が結婚適齢期になっていない場合は付き合っても結婚までに時間がかかる可能性があります。最悪の場合は、結婚したくない男性もいるので注意が必要です。

ただし、唯一例外があるとしたら、「授かり婚」です。神様から子供を授かったのだから、これもベストタイミングだといえます。ただし、気をつけなければならないのは、「子供を授かっても堕ろしてほしい」という男性もいることです。そうすると、シングルマザーも覚悟しなければならないことになります。すなわち、SEXする前に、男性の子供に対する考え方をしっかり把握すべきだと思います。

男と男の結婚も、お互いのタイミングが合うことが大事、また子供に対する考え方も確認する必要があります。

男性同性婚の場合には、養子の手があり、いずれかが、普通養子縁組で子供と養子縁組を行えば、片親にはなりますが、法的にも親子になります。

二人の子供にはなりませんが、子どもを養育し、二人の子供として育てていくことはできます。

同様に、女と女の結婚も、お互いのタイミングが合うことが大事、また子供に対する考え方も確認する必要があります。

女性同性婚の場合には、男性同性婚と同様、養子の手があります。さらに、自らの手による人工授精の方法もあります。ただし、二人の子供としては認められず、出産した女性が未婚の母として届け出を出して実子にすることになります。

それぞれの結婚と子供に対する考え方の確認が大事なことは分かってもらえたと思います。

結婚することも大事ですが、実は「結婚すること」よりも、「結婚を継続する（離婚しないよう我慢する）こと」の方が何百倍も難しいのです。しかも、1度離婚すると、2度、3度と繰り返す人も増えています。

そもそも、男と女がお互いを理解・尊敬できるのか？「シン・結婚論」としては、そういった本質的なことも伝えながら、離婚しないための教えも説いていきたいです。

シン・結婚論まとめ

1. 結婚＝ずっと一緒にいたい、家族になりたい人との契約
2. 結婚はタイミングが大事
3. ベストな結婚タイミングとは結婚したい女性が結婚適齢期の男性と付き合うこと
4. 男性同性婚も、女性同性婚もタイミングが大事

5. 結婚する際に、子供に対する考え方を確認しておくことが大事

6. 実は結婚することよりも、結婚を継続することの方が難しい

第２章　結婚の根本的な考え方２　人間論：HUMAN

『ＰｒｉｄａｌＴＩＭＥＳ：日本人の結婚の「意外」な歴史』(https://pridal.jp/times/articles/kekkon_igaina_rekishi) によれば、次のようにあります。

〝明治時代に入って急に結婚は一生ものになったかというと、そうではありません。法社会学者の湯沢雍彦氏によると、統計のある国のなかでは明治の半ばまでは日本が最も離婚の多い国だったとのこと。この時代は親同士が子の結婚を決め、特に女性はかなりの若さで結婚させられたため、いざ結婚してうまくいかなかったということは少なくなかったのでしょう。しかし、離婚のハードルが低いならば、とりあえず結婚してみるというのもさほど悪いことではなかったかもしれません。

これは私の予想ですが、明治31年（１８９８年）に定められた民法が日本での離婚率低下に貢献したのではないかと思います。この民法は差別的な家長制度優位なもので、それによると、女性は結婚前は父親に従い、結婚後は夫に従うよう求められています。さらに、「女は婚姻によって無能力者となる」とあり、結婚すると、家事、育児に従事することしか許されないため、離婚後に自立して生活するのが難しくなってしまいました。また、子供についても父親にとられてしまうことも多いでしょうから、離婚してしまうと子供と別れることになってしまいます。庶子も差別されているので、結婚して正妻であることには子供のためにはメリットが大きいのです。

そうした事情から結婚が一生ものになったのは、女性が我慢せざるを得なかったというのが一因として大きいように思います。江戸時代の場合、女性でも働き、１人暮らしも可能でした。しかし、明治になってその権利を女性は奪われ、結婚し続けるしかなくなったのです。

現代は男女どちらからも離婚するのは可能ですし、もちろん、努力と意志によって結婚を一生ものにすることも可能です。対等であるからこその軋轢はあると思いますが、それでもやはり幸福な時代に生きていると感じずにはいられません。〟

極端な話、江戸時代には結婚できない男女が今は結婚できる時代なのです。

だからこそ、今こそ結婚のハードルはある意味低いはずなんです。

しかしながら、Yahoo!ニュースによれば、次のようにあります。

〝未婚化の要因として、別に人口構造上の問題がある。それが、「男余り現象」である。残念ながら、日本には、現在どうがんばっても結婚できない男が340万人もいる。〟

さらに、結婚したくない女性も増えています。

『Oggi.jp：「結婚したくない女性」の特徴とは？ 結婚願望がない理由&抱える不安7選』によれば、次のようにあります。

〝理由

1. 自由を制限されたくない
2. 面倒くさいことが増える
3. 結婚に対するネガティブなイメージがある
4. 金銭面に対する不安が大きい
5. 恋人との今の関係に満足している
6. 両親との関係性が煩わしい
7. 結婚したいと思える相手がいない〟

結婚できないのではなく、結婚したくないのです。

しかも、早く相手を見つけないと、結婚は難しい時代になりました。

『東洋経済オンライン：恋愛結婚の人は大概25歳で出会っている残酷現実：男性37歳・女性35歳の「限界出会い年齢」とは』によれば、次のようにあります。

〝恋愛結婚するための男性の限界出会い年齢は36・9歳、女性は34・6歳と出ました。全員とはいいませんが、男性は37歳、女性は35歳を超えるとほぼ恋愛相手との出会いはないと考えていいでしょう。〟

明治や大正の頃に比べて、お見合いや会社の上司の紹介等も一切なくなり、結婚することが大変な時代になってきました。

しかしながら、独身のまま死ぬことを前提に、人間として生まれてくる人は皆無です。

そして、自分たちが生まれてこられたのも、両親が「結婚（婚姻）」したからです。

生物の中で、人間のみ「結婚（婚姻）」という契約をする。

現在シングルマザーで子育てするための各種法律や制度が増えてきていますが、子育ては夫婦二人で対応してもとても大変でお金もかかる人間としての大事な作業です。

法律上の夫婦の間に生まれた子供は、「嫡出子《ちゃくしゅっし》」と呼ばれます。そうでない子供は、「非嫡出子《ひちゃくしゅっし》」または「婚外子《こんがいし》」と呼ばれます。

昔は、天皇や将軍やお金持ちの妾として子供を産み、「非嫡出子」または「婚外子」として、育ててもらうことができましたが、現在、結婚（婚姻）契約なしに、子供を育てることは大変難しいことなのです。

人間の女性は、子育て中は夫（または実家・社会福祉）の手助けが必要になります。

人間の結婚は、「子育て論」から一夫一妻制を取っていることが分かります。

そこで、結婚するには生物学的に、「人間であること」を理解することが大事です。

そう、「人間には男と女がいること」、そして、「男と女では生物学的な機能が違うこと」を理解しましょう。

この根本的なことが、恋愛中と結婚してから、特に妊娠してからでは、男女間で理解しづらいのです。

恋愛中は行動制限がないのでお互いに平等ですが、結婚すると「制約ができる」時があります。

制約パターン１＝妻が会社を辞めて、子作りの準備を始める。この場合、どんなに子供が好きな女性でも、せっかく入った会社を辞めたことを１００％喜んでいる人はほぼいないと思いますが、夫はそれを当たり前だと思っているケースが多いものです。夫は夫婦の未来のために、妻が好きな会社を辞めてくれたことに「感謝」することが大事です。

制約パターン２＝妻が妊娠して、出産の準備が始まる。この場合、初めての出産の場合は尚さらですが、妻は毎日不安との戦いが始まります。しかし、夫はその不安との戦いを助ける方法を知りません。夫は夫婦の未来のために、妻が毎日不安と戦っていることに「感謝」することが大事です。

制約パターン3＝妻がセックスをしたくなくなる。妻は妊娠中は勿論、出産後しばらくはセックスをしたくなくなりますが、夫にはなぜ急にセックスしたくないかが分かりません。妻は妊娠してからどんどんお腹の子供に対する意識が強くなり、出産後はさらに強くなります。この場合、妻は子育てが一番大変な時期ではありますが、夫の性欲に対し、何らかの対応を取ることが大事です。何の対応も取らないと、夫婦の未来は悪化する可能性が高いです。セックスレス夫婦になる原因と解決方法は、制約パターン3の対応次第になります。具体的なアドバイスは難しいのですが、セックスができなくとも可能な範囲で射精を手伝ってあげると、感謝されると思います。

『ひろいウィメンズクリニック：Q：男性の禁欲の期間は長ければ長いほど精液の状態はよくなるのでしょうか？』によれば、次のようになります。

〝精液中の精子は精巣で作られます。1回放出されると元の数に戻るまで3－4日程度かかると言われています。そのため、男性には排卵前や精液検査前には4日くらいの禁欲期間をもうけてもらいます。〟

要するに、4日後には放出したくなるのが、成人男性の生理現象なのです。

また、子供を作るためには精子のリフレッシュは大事なことです。『ワンモア・ベイビー・ラボ：妊活中に男性が取り組むべきこと〜禁欲期間と精子の質の関係性〜』によれば、次のようにあります。

〝これらのことより、禁欲日数が少ないと精子数は減るものの、精子の質が高まり、その結果として妊娠率も高くなったものと推測できます。日本人は、一般的に妊活中でも性交回数が少ないと言われていますので、不妊治療でタイミングを計り、排卵日のみにタイミングを取っている方が多いと思われます。しかし、タイミング法を取るときでも、事前に何回か性交の機会を持つか、またはマスターベーションにより、精子をフレッシュにしておくことは、妊娠の可能性に寄与するものと思われます。〟

この章では、人間としての男女の機能、特に生理現象が異なる点を解説しました。分かっているつもりでも、お互いの制約が「感謝」に繋がっていないのが普通です。未来永劫、素敵な夫婦でいるためには、いろんな制約（男女の機能の違い）を理解することが大事です。

人間論まとめ

1. 人間は出産までの期間を考慮の上、一夫一妻制を取っている
2. 妻が子作り準備のために会社を辞めるのを夫は理解することが大事
3. 妻が妊娠して毎日不安と戦っていることを夫は理解することが大事
4. 夫の精子は4日で満杯になっていることを妻は理解することが大事

第3章　結婚の根本的な考え方3

地球人論：EARTHLING

異性に対し、「同じ」だという共通認識をする場合は、うまくいっている時だと言えます。さて、異性と話をしていて、「違う」という認識をする場合は、「同じ」という共通認識をする場合よりもかなり多いと思われます。いろいろ考えた結果、そもそも地球人は地球で生まれたのではないかもしれません。突飛な考え方だが、猿から進化した人間が作ったとは思えないモノが地球上にはたくさん存在します。ピラミッド、ナスカの地上絵、モアイ像ほか。

恋愛や結婚するに当たり、男も女も「同じ地球人」だと思うと、うまくいかないです。

ジョン・グレイ著の『男は火星人 女は金星人』によれば、次のようにあります。

〝ブリジット・ジョーンズの愛読書！

世界15か国の人気恋愛相談コーナー、ついに文庫化！

思わせぶりな態度ばかりで、彼はなぜ「好き」と言ってくれないの？

優しかったり冷たかったり、気持ちが読めない彼に困っています……

——世界中から寄せられる恋の悩みに答える心理学者ジョン・グレイは確信する！

恋がうまくいかないのは、男は火星人、女は金星人と言えるほどもかけ離れた存在で、思考回路、感じ方から、行動パターンまで、まったく違うためだ、と。
火星人である男性と金星人である女性が、お互いを理解することができれば、恋の悩みはすべて解決！　幸せな恋を手に入れるためのヒントがぎっしり詰まった恋愛Q&A集。〟

内容（「BOOK」データベースより）

要は、男は火星から地球にやってきて、女は金星から地球にやってきたと考えて、同じ地球人だと思わなければ、なぜこんなにお互いに考え方が違うのかが理解できるという発想です。

何度も恋愛や結婚を経験していると、本当に同じ地球人？と思うことが山ほどあります。

阿吽（アウン）の呼吸とか、以心伝心だと思える相思相愛のラブラブの時は同じ地球人だと思えるのだが、ちょっとしたことで「議論（口喧嘩）」になる。そう、モノの考え方が全く違う気がします。大事なところはココです。相思相愛のラブラブの時以外、男女ではモノの考え方・価値観・優先度等、いろんなことが全く違います。そういう意味では、この「全く違うということ」を理解することがメチャクチャ大事です！　要するに、自分の思い通りに事が進んでいる時は、だいたい相手が合わせてくれていると思ったほうがよい。

結婚するまでの恋愛期間中は男女対等ではないケースが多いです。どちらかが「強い」ということです。よって、「弱い方」が「強い方」に合わせていることが多いです。それも無理せずに、無意識にしています。しかしながら、結婚すると「平等」になり、場合によっては、「弱い方」が「強い方」に変わることもあります。つまり、男女間で同じ感覚で同じ答えが出るのは稀で、基本的には意見が分かれて当然だと思うことが大事です。その際に、どのようにして、自分の意見に合わせてもらうかは、しっかり相手の言い分を聞いて、歩み寄るしか方法はないのです。だいたい、男の方が根負けして、女に任せるようになるが、夫婦によっては、逆のパターンもあります。要は、意見の対立が日に日に増えていくのです。

ただ、それは喧嘩ではなく、男女の本質的な性質であり、仕方がないことだとお互いに自覚できるかどうかがポイントになります。ずっと、この性質が分からず、苦悩している夫婦も多いです。どちらか片方でもコレが分かれば、喧嘩も激減します。

基本的に男女で同じ答えが出るのはラブラブの時だけです。それ以降は、どちらかが合わせることになります。ココで大事なのは「勝ち負けの勝負」をするのではなく、男性には「まず褒める」、女性には「常に優しく聞いてあげる」ことである。つまり、褒めたくもない男性は、女性のアナタにとって、興味のない男性、つまり恋愛や結婚の対象ではないということです。同様に、優しく聞いてあげたくない女性は、男性のアナタにとって、興味のない女性、つまり恋愛や結婚の対象ではないということ。恋愛や結婚の対象をチェックする時にもこの原則は活かせるはずです。よって、結婚生活を末永く続けるには、同じ地球人だと思わず、それぞれが宇宙から来た宇宙人だと思って接することが一番の秘訣といえます。

地球人論まとめ

1. 地球人は火星人と金星人から生まれた
2. 火星人である男性は、現実的でプライドが高く、常に高い評価を望む
3. 金星人である女性は、感情的で優しい言葉やスキンシップを求めている
4. 両者が双方の性質を理解し、ちょっと工夫をすれば、どんな恋愛関係・夫婦関係もうまくいく

第4章

結婚する前1
好きと嫌いの魔法5：FIVE YES NO

よく「いい人がいたら紹介してほしいです！」と、結婚したい独身後輩男女に相談されていました。さて、「いい人」って何だろう？　私なりに「いい人」を紹介しても、彼女や彼には「ちょっと違う」と言われ、付き合うまでに至らなかった。そんな時に考えたのが、この「好きと嫌いの魔法5」です。何のことはない、結婚したい相手の好きなところと嫌いなところをそれぞれ5つ書いてもらうというものです。そして、書き終わったら、好きと嫌いのそれぞれの中で順番も付けてもらいました。例えば、女性の場合は下記みたいな感じです。

【好き5】

①身長175㎝以上　※結婚するための1番目の好き条件
②年収700万円以上　※結婚するための2番目の好き条件
③大学以上卒業　※結婚するための3番目の好き条件
④長男以外　※結婚するための4番目の好き条件
⑤住居東京&転勤なし　※結婚するための5番目の好き条件

【嫌い5】

①いびき　※結婚するための1番目の嫌い条件
②貧乏ゆすり　※結婚するための2番目の嫌い条件
③汚い食べ方　※結婚するための3番目の嫌い条件
④ギャンブル好き　※結婚するための4番目の嫌い条件
⑤喫煙　※結婚するための5番目の嫌い条件

男女ともに好き嫌いの主な項目には以下もあります。

①外見（身長・体重・BWH・声・髪）
②稼ぎ（年収・売上・利益）
③資産（預金・土地建物・車）
④嗜好（タバコ・酒・ギャンブル・好きな芸能人）
⑤家族（両親の介護可否・兄弟姉妹の状況）
⑥健康（持病・入院歴・薬）

⑦癖（貧乏ゆすり・SEX癖・いびき・歯ぎしり・うがい）
⑧旅行経験（海外・国内）
⑨センス（ファッション・インテリア）
⑩趣味（映画・スポーツ・美術・芸術・音楽）

この「好きと嫌いの魔法5」を双方に紙に書いてもらうようになってからは、紹介後に付き合う確率は70％以上に上がりました。付き合わなかったケースは、だいたい外見が好みのタイプと「ちょっと違う」でした。そうなんです、外見は大事ですが、「好きと嫌いの魔法5」を自身で書いてみて、毎朝見るだけで、結婚相手を見つけることへの自信がつくのです。

わざわざ私や両親・友達に紹介してもらわなくても、自分で見つけることができるのです。

今の職場の先輩後輩・友達の兄弟・行きつけの飲み屋の常連・友達の結婚式で会った人・小中高大学の同期等に「好き5」はいませんか？　もしいたら、すぐに連絡を取りましょう！

連絡先が分からなければ、ＳＮＳでその彼・彼女の友達を探して、連絡してもらいましょう！

万が一、現在の身の回りに「好き5」がいない場合も心配はいりません。これから先の出会いで、「好き5」のうち、「3つ以上該当」した人と偶然会ったら、それは「未来の結婚相手の可能性アリ」と自覚し、自分からアプローチしましょう！

私が「好きと嫌いの魔法5」を教えた結婚したい男女は、この方法で、1年以内に100％出会いがあり、そのうち50％が結婚しています。あとの残りの50％が結婚していないのは、「嫌い5」が見つかったケースです。そうなんです、「嫌い5」は『恋愛』相手なら我慢できるのですが、『結婚』する相手なら我慢できずに離婚になる可能性が高いので、「嫌い5」のうち1つでも該当するなら、諦めることをオススメします。

恋愛結婚の場合、お互いの「好き度」は結婚した日が最高の100点ですが、翌日から「嫌い」が見つかり始めて、70点以下になると喧嘩が増え、50点以下になると離婚する可能性が出てきます。「好き度」は以下のように定義します。

100点＝完璧、何もかも好き

90点＝とっても大好き、ちょっと嫌いあり

80点＝大好き、少し嫌いあり

70点＝好き、嫌いなところも多い

60点＝普通

50点＝好きなところなし、嫌いなところが多い

【アドバイス例】

35歳女性。上場スポーツ用品会社で先輩男性と婚約しましたが、後輩女性とも同時に付き合っていたことが発覚し、婚約破棄。アメリカに失恋旅行に来た際に、「好き嫌いの魔法5」を伝授しました。3ヶ月のアメリカ滞在中に、理想の彼（アメリカ人医師の卵）に出会い、結婚しました。

【好き5】
①年収800万円以上　※結婚するための1番目の好き条件
②海外経験あり　※結婚するための2番目の好き条件
③有名大学卒業　※結婚するための3番目の好き条件
④住居海外　※結婚するための4番目の好き条件
⑤趣味旅行　※結婚するための5番目の好き条件

【嫌い5】
①大きな声　※結婚するための1番目の嫌い条件
②怒りっぽい　※結婚するための2番目の嫌い条件
③マナーが悪い　※結婚するための3番目の嫌い条件
④ギャンブル好き　※結婚するための4番目の嫌い条件
⑤喫煙　※結婚するための5番目の嫌い条件

この条件を満たす男性を自身で探し、【好き5】のうち①だけが該当しない男性を3ヶ月で見つけ、すぐに付き合い始め、それぞれの親の同意に基づき半年間同棲し、付き合ってちょうど1年目の同日に結婚されました。この女性の【好き5】は、かなり難易度が高い条件でしたが、アメリカに旅行したら、【好き4】の彼に会えたのです！　滞在ビザがなかったので、3ヶ月で一旦帰国し、2回目のアメリカ入りの時に、3ヶ月の同棲を開始し、2回の同棲を経て、結婚されました。日本での披露宴に招待され、渋谷で旦那様に初めてお会いしましたが、「嫌い5」に該当しそうもない、素敵な男性で安心しました。こんなに難しい条件でも、常に「好きと嫌いの魔法5」を意識していれば、必ず出会えます！　早速実践していただければ嬉しいし、出会いがないとボヤいている友達にどんどん教えてあげてくださいね。

好きと嫌いの魔法5まとめ

1. 結婚相手に求める「好き5」を書き、優先順位をつける
2. 結婚相手に求める「嫌い5」を書き、優先順位をつける
3. 身近に「好き3」以上がいないかチェックし、いたら早速アプローチする
4. 身近にいない場合、常に「好き嫌いの魔法5」を意識し、「好き3」以上を見

つけたら、アタックする

5.「嫌い5」に該当したら、諦める

第5章　結婚する前2　出会いの場所：AREA

「好きと嫌いの魔法5」を書いた後は、どこで出会うかがポイントになります。「好き1＝外国人と結婚したい」と書いた場合、つまり外国人を結婚相手にするとしたら、外国人が多いところに行くことが大事です。しかしながら、単純に外国人が多いところに行っても、夫婦やカップルばかりいるのでは、出会いは望めません。そこで、「外国人の独身」がいるところはどこなのかを調査することになります。しかも、日本人と結婚したいと思っている独身外国人がいるところです。昔なら、外国人が一人でも飲めそうな外国人マスターのバー（東京都であれば、赤坂・六本木・西麻布近辺）が一番出会いがありました。令和5年の今なら、マッチングアプリの方が出会いの可能性が高いかもしれません。また、外国人と結婚した日本人とお友達になり、外国人の旦那さんや奥様の友達を紹介してもらうのもよいかもしれません。

「好き1＝年収が1000万円以上」と書いた場合、つまり高所得者を結婚相手にするとしたら、どこに行けば出会えるのでしょうか？　やはり、高所得者の旦那さんと結婚した友達に旦那さんの友達を紹介してもらうのが一番確実です。また、同様にマッチングアプリで検索するのもよいかもしれませんが、高所得者でマッチングアプリに登録する方は「遊び」が多く、結婚相手を探していないケースが多いです。高所得者を結婚相手にするなら、高級な結婚相談所や高級な合コンへの参加が必要かもしれません。ちなみに、令和5年の今、年収1000万円以上の割合は4・9％なので、100人の中でたった5人しかいないということになります。しかも、その中で結婚したい独身はかなり少ないので、非常に難しい出会いを覚悟しなければならないでしょう。またある統計では、年収400万円以上の未婚男性は全国に3割もいないとのことでした。ただし、自分の夢を諦めるのではなく、真剣に自分に向き合って、探すことが大事です！　数字や確率ではない、「奇跡」は起こります。さらに、現在は年収500万円でも、将来年収1000万円以上になる可能性がある結婚相手を探すのも有効です。

例えば、医者の卵、売れていない芸人、芸術家、スタートアップ社長などなどです。一緒に夢を見ることができれば、今は年収1000万円なくても、好き1として候補になると思います。

「嫌い1＝長男」と書いた場合、つまり次男か三男以下じゃないと結婚したくない場合、どのくらい世の中にいるのか？　調べてみました。

『マイナビウーマン：普通の男の条件とは？　婚活女子が求める「普通」は高望みである理由』によれば、「長男以外の男性割合は3割」とあります。

よって、100人に33〜34人しかいないことになります。長男以外を探すのなら、マッチングアプリが有効かもしれません。

さらに、「普通の男の条件とその男が存在する確率」は次のようにあります。

〝年収500万円以上の未婚男性割合は1割、大卒学歴の25〜34歳未婚男性割合は4割、20〜29歳男性の平均身長は171・4㎝〟

ネガティブな情報で申し訳ないのですが、「普通の男」を探すのも大変だということです。

だからこそ、結婚相手を探す際に、大事なのは「好きと嫌いの魔法5」なのです。場合によっては、「嫌い5」に該当しなければ、結婚相手として可能性が出てくるのです。

『オミカレ：結婚したいと思う人気職業ランキングＢＥＳＴ10【女性・男性別】』(https://party-calendar.net/blog/popular-job-rankings-by-gender-that-you-want-to-marry.html）によれば、次のようにあります。

女性が結婚したい人気職業ランキングＢＥＳＴ10

1位：公務員
2位：サラリーマン
3位：医師
4位：医療専門職（薬剤師、看護師、理学療法士など）
5位：税理士、弁護士
6位：教員
7位：ＩＴ関連
8位：エンジニア
9位：建築士
10位：クリエイター（広告や音楽、ゲームなど）

男性が結婚したい人気職業ランキングBEST10

1位：看護師
2位：保育士、幼稚園教諭
3位：公務員
4位：キャビンアテンダント
5位：アナウンサー
6位：ＯＬ
7位：薬剤師
8位：教員
9位：デザイナー、コーディネーター
10位：エステティシャン

こういう職種の男性や女性とどこで会えるのでしょうか？　やはり、手堅いのは上記職種の奥様や旦那様を持つ友達や先輩・後輩に奥様や旦那様の友達を紹介してもらうことです。しかしながら、そんな友達や先輩・後輩がいない場合は、「マッチングアプリ」の職種検索で探すのがてっとり早いです。ただし、結婚したい相手かどうか、付き合ってからじゃないと分からないので、「職種合コン」の方がよいかもしれません。マッチングアプリや合コンに頼らない方法があります。看護師なら、看護師の多い病院から近い居酒屋やバーに行くのも、高確率で会える可能性があります。また、究極の技としては、「看護師の寮」のそばの居酒屋やバーに行くとさらに高確率で会えるはずです。これは、保育士でも同様です。キャビンアテンダントは各空港毎に宿泊ホテルが決まっています。そこで、そのホテルのバーに行けば、会える確率は高いです。昔と違い、お見合いや会社の上司の紹介が激減している今、「好き5」の結婚相手がどこのエリアにいるのかを真剣に考えて行動することが大事です。

第4章で紹介した女性のケースを「エリア」で再度検証してみましょう。彼女は35歳まで付き合っていた本命の彼と婚約までいったのですが、結婚直前で不幸のどん底に落ちます。しかしながら、アメリカに行くことで、「好き4」の彼に出会い、無事結婚することになりました。そうなんです！　場所を東京や大阪とか首都圏で探さずに、地方も考慮すると、玉の輿に出会えることもあります。さらに、海外に目を向けてみることも、シン・結婚時代では、とても大切なことだと思います。

『国際結婚ジャーナル：国際結婚の相手国ランキング（日本人の男女別）』（https://kekkonjournal.com/a05/）によれば、次のようにあります。

日本人女性が結婚した男性の相手国割合

順位	国名	割合（%）
1位	韓国	26
2位	アメリカ	17
3位	中国	13
4位	ブラジル	5
5位	イギリス	3・9
6位	フィリピン	2・4

７位　その他　34

日本人男性が結婚した女性の相手国割合

順位	国名	割合（％）
１位	中国	37
２位	フィリピン	23
３位	韓国・朝鮮	14
４位	タイ	6・4
５位	アメリカ	1・7
６位	ブラジル	1・5
７位	ベトナム	1・2
８位	その他	17

日本人女性なら、韓国人・アメリカ人・中国人を結婚相手の対象にしてみるのもよいかもしれません。また、日本人男性なら、中国人・フィリピン人・韓国人を結婚相手の対象にしてみるのもよいかもしれません。それぞれの国に90日長期滞在するのも、

出会いのチャンスになると思います。

出会いの場所まとめ

1. 「好き5」に会える場所を考える
2. 「好き5」の条件を変えて、会える場所を考える
3. 首都圏以外にも目を向ける
4. 海外にも目を向ける

第6章　結婚する前3　出会いのチャンス：CHANCE

「好き1＝職種」の場合に、どこのエリアに行けばよいかを前章で説明させていただきました。本章では、意識せずに会った場合に、プッシュする方法を説明します。友達と飲んでいる時に、一緒に飲むことになった人が、「好き5」のうち、3つ◯（好き3／5）だったら、「即プッシュ」です。プッシュとは、自分からアプローチするという意味です。アプローチの方法で一番簡単なのは、自分の携帯で全体写真を撮り、SNSの友だち追加をその場で行い、送るのがスマートです。とにかく、どこでもアンテナを張り、「好き5」のうち、3つ◯だったら、「即プッシュ」です！　男女問わず、勇気を出して、「即プッシュ」です。わざわざ、自分から「好き5」を探すよりも、偶然「好き3／5」に会えた＝縁なのですから、これは偶然ではなく、「将来の結婚相手（必然）」だと思って、プッシュすべきです。

縁のある人と出会えるチャンスは、以下になります。

・移動中＝新幹線で隣の人、飛行機で隣の人、バスで隣の人、歩いている時に声をかけられた人、場所が分からず声をかけてきた人

・旅行中＝山登り途中や頂上で会った人、スキーのリフトで隣の人、スキーでぶつかった人、レンタル用品の売店の人、お土産屋の人、旅先のレストランの人、旅先のスナックのお客

・自分の行きつけ＝バー、レストラン、ショップ、習い事、サークルで出会った人

とにかく、外に出て、声をかけた＆かけられた異性は、全て「好き３／５のチャンス」です。今まで、逃してきたチャンスを今日からしっかりプッシュするよう頑張ってください。

今まで「好きと嫌いの魔法５」を教えた後輩の中で、上記プッシュの結果、結婚することになった確率は高く、３割以上です、頑張ってプッシュしましょう。

私の「好きと嫌いの魔法５」を教えた男性５人と女性５人のプッシュケースを紹介します。男性のプッシュケースは以下になります。

１．営業の仕事で毎週通っていたお客様の会社の受付嬢とたまたま、お客様の最寄りの駅のバーで遭遇しました。勇気を出して声をかけてみたら、「好き３／５」

に該当し、何とかSNSの連絡先を交換しました。その後、お客様と初取引を受注し、SNSを送ったら、おめでとう会を開催してくれ、付き合い始めます。「嫌い5」に全く該当せず、無事結婚しました。

2. インド単身旅行中に、マハラジャで4人のOLと遭遇しました。たまたま宿泊ホテルも一緒で、その夜、一緒にディナーすることになりました。その中で「好き3／5」に出会い、集合写真を撮り、SNSの連絡先をゲットしました。帰国後に、SNSで連絡し、付き合うことになりました。それぞれ両親が大阪に住んでいることで縁も感じ、半年後に結婚しました。

3. 同期の結婚式の二次会で、「好き3／5」に出会い、勇気を出してナプキンに書いた携帯番号を渡し、近くのホテルのバーで待ちました。待つこと90分、彼女が現れ、話も盛り上がり、SNSの連絡先を交換しました。お互いの会社も近く、半年付き合い、半年同棲の後、結婚しました。

4. 毎週土曜日にスポーツジムに通って、セルフトレーニングしていたら、「好き3／5」っぽい気になる女性を発見しました。たまたま駐車場のエレベーターで一緒になり、勇気を出して声をかけて、近くのレストランで夕飯を食べることになり、トレーニング関連の話題で意気投合しました。３週間毎土曜日に一緒にトレーニングして、正式に結婚前提のお付き合いを開始し、１年後入籍しました。

5. 高校の同窓会に久しぶりに出席したところ、憧れの「好き３／５」マドンナが未婚と聞いて、皆と二次会に行かずに、バーに誘いました。昔話で盛り上がり、SNSを交換しました。東京で再会し、３回目のデートで告白し、半年後に結婚しました。

女性のプッシュケースは以下になります。

1. ニューヨークに傷心旅行中に、独身パーティーで医者の卵に遭遇しました。SNSでお互い承認しました。彼からデートのお誘いがあり、３回目のデートで告白され、日本に彼と帰国し、両親に紹介しました。１年半後に彼が医者になり、その１ヶ月後に結婚しました。

2. 行きつけのバーで飲んでいたら、高校時代の憧れの先輩に遭遇しました。今でも「好き5」だったので、勇気を出して声をかけました。彼もちょうど結婚を意識しており、地元も一緒なので、すぐにお互いの親に会い、半年でプロポーズされ結婚しました。

3. 一人で映画を観に行った時、階段でつまずき、ポップコーンを半分以上こぼしたのですが、その時に助けてくれた男性とたまたま席が隣同士でした。勇気を出して、お礼に「お茶でも」と誘ってみたら、快く承諾してくれ、楽しい映画談話の後、SNSを交換しました。映画デートを半年繰り返した後、プロポーズされ、結婚しました。

4. パソコンショップで新しいPCを探していたところ、「好き3／5」のイケメンを発見しました。自宅でのWi－Fi無料セットアップを彼に頼み、再会しました。PCの分からないことをいろいろ聞いていたら、快くSNSの連絡先を交換してくれて、「PCで困ったら、連絡して」と言われ、恋に落ちました。何度かメッセージを交換後、お洒落なお店に連れて行ってもらった時に、結婚前提で告白したら、快諾してもらえました。お互い35歳を超えていたので、即同棲し、出会って1年後に結婚しました。

5．近所で犬の散歩をしていたら、同じトイプードルを連れている男性から声をかけられました。引っ越してきたばかりで、美味しいお店を聞かれ、一緒に行くことになりました。犬の話で盛り上がり、いろいろ聞いてみると「好き３／５」をクリアしていました。５回目の散歩の時に、こちらから告白し、付き合い始め、３ヶ月後には彼の部屋で同棲を開始しました。犬たちも仲良くなり、半年後に無事結婚しました。

「好きと嫌いの魔法５」を伝授すると、ちょっとした機会も大事にすることができ、結婚確率がグングン上がります。また、出会って半年〜1年、同棲後３ヶ月から半年での結婚が多いです。結婚はタイミング！です。1年以上同棲しているアナタ、次の結婚相手を探したほうがよいです。

出会いのチャンスまとめ

1. どこでもどんな時でもアンテナを張る
2. 「好き5」のうち、3つ○「好き3/5」だったら、「即プッシュ」
3. プッシュと同時に連絡先(携帯かSNSの連絡先)を交換

第7章　結婚する前4　経験：EXPERIENCE

前章で機会（出会いのチャンス）について説明しましたが、次に大事なのは「経験」です。

経験で大事なのは、①結婚前にどんな恋愛を経験しているのか、②どんな家庭で育ったのか、③どんな学歴なのか、④どんな友達がいるのか、⑤どんな病気を経験しているのか、⑥どんな仕事をしてきたのかを確認することです。

以下説明される各種レベルは優劣を示しているのではなく、私のアドバイスにより結婚に至った方々の実例に基づく、私独自の定義になります。よって、数値が上だからよいわけでも数値が下だからよくないわけでもありませんので、その点をご了承願います。

基本的にそれぞれのレベルがお互いに同じがベストで、近いと相性が良く、良縁になっています。

まずは「どんな恋愛を経験」しているのかです。

恋愛経験のレベルは大きく以下になります。

1．異性と付き合ったことがある、長くてどのくらい、何人ぐらい？
2．同棲したことがある、長くてどのくらい、何人ぐらい？
3．結婚したことがある、長くてどのくらい、何人ぐらい？
4．異性と二人っきりの旅行をしたことがある、国内・海外、長くて何日ぐらい？
5．異性との性経験レベルはどのくらい？
性経験レベルは以下のように定義されます。
A：キス　※A10＝10人以上とキスしたことがある
B：ペッティング（セックスに至らない性的な愛撫）　※B10＝10人以上とペッティングしたことがある
C：セックス　※C10＝10人以上とセックスしたことがある
D：妊娠　※D2＝2人以上の男性の子を妊娠したことがある、2人以上の女性を妊娠させたことがある
恋愛レベルは以下のように定義されます。
10＝異性と付き合ったことがある

20＝異性とキスしたことがある
30＝異性とセックスしたことがある
40＝異性と国内旅行をしたことがある
50＝異性と海外旅行をしたことがある
60＝異性と同棲したことがある
70＝異性にプロポーズしたこと・されたことがある
80＝異性と結婚したことがある
90＝異性と2回結婚したことがある
100＝異性と3回以上結婚したことがある

まずは、付き合いながら、相手の「恋愛レベル」を確認することが大事です。
また、同棲する前に、2泊3日以上の国内旅行をオススメします。
結婚するまでの平均的な恋愛レベルクリア回数・期間は以下のように定義されます。

1．出会って3回目 or 1ヶ月：キス（告白&付き合い開始）
2．出会って10回目 or 3ヶ月：セックス

3．出会って20回目 or 6ヶ月：国内旅行 or 同棲
4．出会って1年：プロポーズ
5．出会って1年半：結婚

出会って1年以上経ってもプロポーズしない・されない場合の結婚率は非常に低いので、次の異性を探したほうがよいです。

結婚したことがある相手の場合、なぜ離婚したのかをしっかり確認したほうがよいです。

離婚は繰り返す傾向が高いです。

ただし、結婚したことがあるということは、恋愛経験レベルは高いといえます。

シン・結婚では、3ヶ月～半年の同棲をオススメしています。

逆に、1年以上の同棲は前記のプロポーズ同様、次の異性を探したほうがよいです。

3ヶ月～半年の同棲をすることで、「家庭レベル」も理解することができます。

また、同棲する時は、お互いの両親に同棲の許可を取るのが「ベター」です。

親の同意が「必須」ではないのは、無理にプッシュして良縁がなくなるのを防ぐた

めです。

次は、「家庭レベル」です。

家庭レベルは以下のように定義されます。

10＝両親死別で持ち家ローンあり

20＝片親で持ち家ローンあり

30＝両親健在で持ち家ローンあり

40＝両親健在で、兄弟か姉妹がいて持ち家ローンあり

50＝祖父母&両親健在で兄弟姉妹がいて持ち家ローンあり

60＝両親死別で持ち家ローンなし

70＝片親で持ち家ローンなし

80＝両親健在で持ち家ローンなし

90＝両親健在で、兄弟姉妹がいて持ち家ローンなし

100＝祖父母&両親健在で兄弟姉妹がいて持ち家ローンなし

相手が長男の場合は特に、家庭レベルをしっかり確認の上、同居の可能性を理解することが大事です。

また片親の場合も、同居の可能性を確認することが大事です。

さらに、同居の場合、持ち家にローンがあるかどうかの確認及び兄弟の存在をしっかり確認する必要があります。

次は、「学歴レベル」です。

学歴レベルは以下のように定義されます。

10＝中卒
20＝高卒
30＝専門卒
40＝短大卒
50＝低偏差値四大卒
60＝中偏差値四大卒

70＝高偏差値四大卒
80＝大学院卒
90＝海外有名大学卒
100＝医学部卒・MBA（経営学修士号）取得

学歴レベルが同じがベストですが、差が20ポイント以内であれば、良縁に恵まれています。

次は、「友達レベル」です。
友達レベルは以下のように定義されます。

10＝小学校時代の友達がいる
20＝中学時代の友達がいる
30＝高校時代の友達がいる
40＝大学（短大・専門学校）時代の友達がいる
50＝会社の友達がいる

60＝会社（職場）に親友がいる
70＝小中高大（短大・専門学校）のうち１つ一緒だった親友がいる
80＝小中高大（短大・専門学校）のうち２つ一緒だった親友がいる
90＝小中高大（短大・専門学校）のうち３つ一緒だった親友がいる
１００＝小中高大（短大・専門学校）の全てで一緒だった親友がいる

付き合い始めて３ヶ月を過ぎたあたりから、お互いに友達を紹介し合うのがベターです。

友達レベルが同じがベストですが、差が30ポイント以内であれば、良縁に恵まれています。

また、同棲を始めたら、必ず友達を招待しましょう！

友達から結婚相手の情報をしっかり確認することも大事です。

また、友達が信頼できる相手かどうかも、大事な確認ポイントになります。

友達とアナタの相性が悪い場合は、結婚後に問題が発生する可能性が高いので、注意が必要です。

次に、「病歴レベル」です。

病歴レベルは以下のように定義されます。

10＝結婚相手に重度の持病あり、通院中

20＝結婚相手に軽度の持病あり、通院中

30＝結婚相手に重度の持病あったが完治

40＝結婚相手に軽度の持病あったが完治

50＝結婚相手に1ヶ月以上の入院経験あり

60＝結婚相手に入院経験あり

70＝結婚相手に入院経験なし

80＝兄弟姉妹・結婚相手共に入院経験なし

90＝両親・兄弟姉妹・結婚相手共に入院経験なし

100＝祖父母・両親・兄弟姉妹・結婚相手共に入院経験なし

病歴レベルが同じがベストですが、差が30ポイント以内であれば、良縁に恵まれています。

どこまで確認できるか分かりませんが、結婚した後で、重度の持病に気づき、破綻することのないようにしましょう。

また、ご自身に持病がある場合、結婚前に正直にお話されるのがよいです。

結婚当初から「隠し事」があると、離婚率がグッと上がります。

特に、不妊検査は男女ともに事前に実施された方がよいと思います。

『日本産婦人科医会：５．不妊の原因と検査』によれば、次のようにあります。

〝挙児を希望するカップルの10～15％が不妊であり、健康な夫婦の１割以上が不妊に悩んでいると考えられている。また、女性の加齢と不妊は密接に関係し、不妊の割合は20歳代前半までは５％以下であるが、20歳代後半より９％前後の不妊率になり、30歳代前半で15％、30歳代後半で30％、40歳以降では約64％が自然妊娠の望みがなくなると推定されている。〟

最後に、「仕事レベル」です。

仕事レベルは以下のように定義されます。

10＝無職、預金数百万円
20＝無職、預金数千万円以上
30＝中小企業、年収400万円未満
40＝中小企業、年収400万円以上
50＝大企業、年収700万円未満
60＝大企業、年収700万円以上
70＝大企業、年収1、000万円未満
80＝大企業、年収1、000万円以上
90＝会社役員・社長、年収2、000万円未満
100＝会社役員・社長、年収2、000万円以上

仕事レベルは同じがベストですが、差が30ポイント以内であれば、良縁に恵まれています。

『doda：平均年収ランキング（年齢・年代別の年収情報）【最新版】』によれば、次のようにあります。

〝dodaが調べた最新の平均年収は４０３万円でした。男女別では、男性は４４９万円、女性は３４７万円でした。

年代別の平均年収は「20代」が３４２万円、「30代」が４３５万円、「40代」が４９５万円、「50代以上」が５９６万円でした。２０２１年からの変化は、20代が１万円アップ、30代が２万円ダウン、40代が７万円ダウン、50代以上が17万円ダウンと、平均年収が前年よりも上昇したのは20代だけです。〟

さらに大事なのが、「転職レベル」です。

転職レベルは以下のように定義します。

10＝会社を６回以上辞めたことがある

20＝会社を３回以上辞めたことがある

30＝高卒で、会社を辞めたことがある

40＝短大・専門卒で、会社を辞めたことがある

50＝大学卒で、会社を辞めたことがある

60＝大学院卒で、会社を辞めたことがある

70＝高卒で、会社を辞めたことがない
80＝短大・専門卒で、会社を辞めたことがない
90＝大学卒で、会社を辞めたことがない
100＝大学院卒で、会社を辞めたことがない
転職レベルは同じがベストですが、差が30ポイント以内であれば、良縁に恵まれています。
本章は経験（EXPERIENCE）ですが、経験レベルはお互いが同じくらいがよいです。
あまりにもかけ離れていると、結婚後の生活でうまくいかないケースが多いです。

経験まとめ

1. 恋愛レベルを確認する
2. 家庭レベルを確認する
3. 学歴レベルを確認する

4. 友達レベルを確認する
5. 病歴レベルを確認する
6. 仕事レベル・転職レベルを確認する

第8章　結婚する前5　選別：SELECTION

結婚する前の行動原理の最後の章になります。

選別（SELECTION）、つまり、この人を結婚相手として選ぶかどうかです。

◎結婚する前1：好きと嫌いの魔法5：FIVE YES & NO
◎結婚する前2：出会いの場所：AREA
◎結婚する前3：出会いのチャンス：CHANCE
◎結婚する前4：経験：EXPERIENCE

第4章で「結婚相手を具体化」し、第5章で「結婚相手のいそうな場所を認識」、第6章で「結婚相手との機会を理解」し、第7章で「経験レベルの確認方法を理解」しました。

本章では、結婚する前の最後の決断「この人で本当によいか？」です。

同棲中もしくは、何度か国内旅行した後で、この決断が必要になります。

もっと素敵な人に出会えると考える方も多いですが、私のアドバイスとしては、逆です。

後で「後悔」するケースのほうが断然多いです。

要は、「この人で本当によいか？」は、正確には「確認すべき内容はもうないか？」です。

つまり、確認不足で結婚して、後で「嫌な思いはしないか？」の最終確認をすることが大事です。

最後の確認事項として、「月収」と「貯金」を確認する必要があります。

結婚前の財産（貯金や有価証券・土地建物）はそれぞれの財産になりますが、結婚後の預金は夫婦の資産となります。

よって、旦那様の稼ぎだけでなく、奥様の稼ぎも加算した貯金が二人の財産になります。

結婚するに当たり、最低でも下記を二人で決める必要があります。

1. 婚約指輪購入＝男性は結婚相手の女性の好きな婚約指輪を用意する必要があります。

2.プロポーズ＝男性はいつどこでプロポーズするのかを決めます。女性はプロポーズをしてもらう準備をします。※もし、プロポーズされたくないなら、男性にプロポーズさせないようにする必要があります。

3.両親面会日＝それぞれの両親にご挨拶に行く日を決める必要があります。

4.結納日＝略式でも、それぞれの両親を対面で紹介するのは必須です。

5.結婚指輪購入＝結婚指輪をどこで買うのかは事前に二人で決める必要があります。

6.入籍日＝会社の都合等で、結婚式の前に入籍するケースも増えています。

7.新居＝どこに住むのか、家賃はどのくらいか、駐車場は必要かどうかを決める必要があります。

8.家財他＝家具や車を新しく購入する必要があります。

7.結婚式場＝二人っきりで結婚式をするにしても、結婚式場は必要です。

8.披露宴会場＝カジュアル婚でも、お互いの友達紹介のお披露目パーティー会場は必要です。

9．新婚旅行＝すぐに行けない場合でも、二人でどこに行くかは決めておいた方がよいです。

この９つのうち、男性はまず１と２を決断することが、大事になります。

『結婚スタイルマガジン：婚約指輪の平均予算って？給料の３か月分ってホント？』によれば、次のようにあります。

〝ややばらつきがありますが、20％を超えているのは、「10〜20万円未満」「20〜30万円未満」「30〜40万円未満」の３つ。

あわせると、10〜40万円未満の予算の人が６割を超えていますね。

価格帯の区分では、20〜50万円未満の中間価格帯がもっとも多く、半数以上を占める結果となっています。〟

購入前に結婚相手の女性の好きなブランドや指輪のサイズを確認しておくことが大事です。

また、サイズを聞けなくても、サイズ変更可能なリングデザインにする方法もあります。

最近では、「ダイヤモンド」だけを贈る（リングデザインは後で一緒に）というプロポーズもあるようです。

女性はプロポーズを受けてよいかを決断する必要があります。

また、両親にもプロポーズを受ける旨、説明しておく必要があります。


プロポーズをした後に、3～9を決めなくてはならないので、男性は少なくとも、結婚準備金が必要になります。

少なくとも100万円は用意しておき、結婚するまでの半年の間にも、50万円は貯蓄しましょう。

部下や先輩との飲み会は極力控え、どうしてもと言われたら、「婚約祝い」としてご馳走してもらいましょう！

この半年間は、とにかく節約することが大事です。

行きつけの飲み屋やバーには一人でいかずに結婚相手の女性と行くようにするのが良いです。

男性はクラブやキャバクラとは縁を切るように。

好きな趣味やギャンブルもできるだけ中止し、結婚準備に集中してください。

この半年間の悪い行動で結婚キャンセルの可能性が上がっていきますので、人生で一番注意する必要があります。


女性も、親と相談の上、結納金の準備が必要になります。

『ゼクシィ：知っておきたい【結納金】の相場・基礎知識・マナー』によれば、次のようにあります。

〝結納金の相場は、地域によって異なるもののだいたい１００万円から１５０万円の間が多いようです。

地域別では、北海道が平均67万８０００円と金額が低くなっており、宮城・山形・福島・首都圏・富山・石川・福井・関西では、平均１００万円を超えています。

全国平均は98万８０００円となっています。〟

両親面会日は男性が女性の両親のもとに、プロポーズ後できるだけ早めに行くのがよいです。

その際に、結婚式のイメージ（披露宴込みなのか、式だけなのか等）や、だいたいの日程（何時頃なのか）、規模（招待客の人数等）を聞かれても答えられた方が印象がよいです。

また、男性の両親に会いに行くのは、結納金と両親同士の面会日について両親と相談後に行くのがスマートです。

プロポーズされたけど、男性の仕事が忙しくて、全然3〜8が決められず、マリッジブルーに陥る女性が多いので、男性は仕事もセーブする必要があります。

そういう意味では、結婚式と新婚旅行の日程は、お互いの仕事の状況を考慮して、真剣に決める必要があります。

結婚式場の申込みは半年前が主流ですが、人気の式場だと1年前からの予約になることもあるので、注意が必要です。

結婚式場の注意点は場所になります。

お互いの両親が同じエリアだと問題ありませんが、離れている場合はどちらかに寄せるか、中間エリアにするかどうかも考慮願います。

『ＪＴＢ：プロが教えるハネムーン・新婚旅行 おすすめエリアランキング海外』によれば、１位ハワイ・２位タヒチ・３位ヨーロッパ・４位モルディブ・５位バリ島・６位オーストラリア・７位グアム・８位アメリカ・９位ドバイ・10位ニューカレドニアとなっています。

個人的には、１週間ぐらい休みを取って、遠くに行くのがよいと思います。結婚後に新婚旅行以上の休みを取るのは難しいので、近場のグアムやハワイは子供ができてからでもよいかと思います。

ただし、結婚式＆新婚旅行として、両親も帯同するなら、何と言っても「ハワイ」がオススメです。

ハワイの式場（ホテル）は、日本人の結婚式に慣れているので、問題が発生する可能性が少ないです。

ただし、個人的には、新婚旅行はやはり二人っきりがベストです！

ここで注意が必要なのは、どちらかが海外旅行を経験していない場合、経験している方が経験していない人の立場で、考えてあげることが大事です。

よくある成田離婚は、こういった経験の相違から喧嘩になることが原因です。

だからこそ、結婚前に2泊3日以上の国内旅行を二人でしておくことも大事です。


結婚前の最後の章で伝えたいのは、今までこの人と結婚したいとお互いに思い、プロポーズして（されて）、最終段階に来てから、この大きな壁（結婚式までのイベント）が二人の関係を悪化させる可能性があるということです。

喧嘩になりやすいのは、以下の項目です。

1．結婚式の規模＝女性は豪勢にやりたいが、男性は質素でよいと言う傾向にあります。女性はたくさん招待したいが、男性はそんなに集められないと言う傾向にあります。
→貯金がない男性は両親にお願いしてでも、女性の理想にできるだけ近づけてあげるのがよいです。

→ここでケチると一生グチを言われ、必ず喧嘩になります。

2．新婚旅行＝式のタイミングで必ず休暇を多めにとって、海外に行くのがよいです。よく男性が今忙しいから落ち着いてから行こうと言いますが、行った夫婦は３割もいないです。

→男性は一生に一度くらい、最低１週間ぐらい会社を休みましょう！　休めないなら、プロポーズしないほうがよいくらいです。

3．婚約指輪＝結婚指輪も同じブランドにした方がスマートなので、女性の好きなブランドで揃えるようにしましょう。小さなダイヤモンドでも有名なブランドの方が好きな女性は多いので、気をつけてください。

4．結婚式（披露宴付き）のお金＝二人で折半するか、招待人数で割掛けするかが普通です。

お互いに貯金が足りない場合は、両親に相談するのもありです。御祝儀を全て渡すことで納得してもらえることがあります。

5．結婚式二次会＝お互いの親友を一人ずつ幹事にするのがスマートです。どちらかに偏った二次会は喧嘩になるケースが多いので注意してください。

プロポーズをした（された）後から、結婚式・披露宴・新婚旅行が終わり、同居（新婚生活）が始まるまでが「結婚前」の大事な行動です。

この章が、結婚前の行動として一番大事になります。

特にP88、89の3〜9の決定は、女性が盛り上がるのに対し、男性は盛り下がる傾向にあるので、男性の仕事の状況をしっかり把握しながら、急がず、コツコツ二人で楽しんでいくことがポイントです。

選別まとめ

1．月収・貯金の確認
2．男性：プロポーズの準備（婚約指輪・プロポーズの場所）
3．女性：プロポーズを受ける準備（両親への説明）

4. 結婚までの3〜9の決定

第9章　結婚した後1　計画：PLAN

さあ、ここからは「結婚した後の行動」になります。

既に結婚されている方は、この章から第16章までを読んでいただければ、何かしら気づき（ヒント）があると思います。

結婚して、まず最初に決めるのは、家族としての「二人の計画」になります。

以下の項目を先に話し合って、合意形成できている夫婦と、行き当たりばったりの夫婦では、合意形成できている夫婦の方が喧嘩が少ない（離婚の可能性が少ない）です。

基本的に、全てが「お金」に関わるので、一度に全てを決めるのではなく、機会がある度に徐々に合意形成していくことが必要です。

もしどちらかに、ココは譲れないというものがあったなら、それは早めに告白すべきです。

次のようなことが、男女それぞれの場合の譲れないものの例になります。

【女性の譲れない例】

・生まれた子供が女の子なら、中高大学一貫校の女子校に行かせたい
・生まれた子供が男の子なら、一流大学に行かせたいので、小学校から有名な塾に通わせたい
・ペットが飼えるマンションに住みたい
・老後の母を独りで住まわせられないので、ゆくゆくは母と同居したい
・東京以外には住みたくない
・年に１回海外旅行に行きたい

【男性の譲れない例】

・生まれた子供が男の子なら、同じ大学に行かせたい
・教育費はできるだけ使わず、全て公立・国立に行かせたい
・一軒家で大きなガレージが欲しい
・両親の介護をするため、実家を改築し、二世帯住宅に住む必要がある
・海外駐在員になった場合、海外についてきてほしい

・趣味のゴルフに月に1回は行きたい

以下、合意形成が必要だと思われるテーマです。

1．子供：『住友生命：教育費の平均は？幼稚園〜大学の教育費を解説！』によれば、次のようにあります。

〝幼稚園から高校までの教育費の平均は、全て公立の場合は約265万円、全て私立の場合は約1238万円となります。これは塾・習い事にかかる費用を含んでいませんので、学校に通う教育費のベースとなる金額と言ってよいでしょう。ポイントは公立と私立とでは約4・6倍もの差があることです。〟

↓子供は作るのか、作るのなら何人、男の子が欲しい、女の子が欲しい、作る時期はいつ頃〜いつ頃まで等。

↓特に作る時期は非常に大事です！　男性が3年後には欲しいと言った時に、女性は2年目から妊娠する準備&3年後には出産できる状況を本当に作れるのかを真剣に考える必要があります。3年の約束がどんどん先延ばしにされて、離婚したケースは多いので注意が必要です。

↓女性が出産後、仕事を辞めて主婦になるのかどうかもしっかり二人で決めておくことが大事です。要は男性のお給料で生活できるかどうかを二人で判断する必要があります。

2. 住居：『グランヴァンタイム：夫婦のお金の管理方法5パターンを解説―円満でいるためのポイント』には、以下のようにあります。
〝例えば、一般的な子持ち世帯の暮らす3LDKでマンション、一戸建ての購入金額は東京都荒川区では以下になります。一戸建て新築4、080万～6、880万円・中古5、870万円、マンション賃貸13万～29・4万円／月、購入2、800万～8、400万円　※荒川区相場調べ―HOMES（2022年6月時点）。マンションの場合、月13万円の賃貸に住み続けるのであれば、約17年で購入金額を上回ります。持ち家が欲しいのか、転勤などを考慮して購入は現実的かなどを話し合う必要があるでしょう。〟

↓大きく3つの状況を踏まえて、どこに住むかを決めることになります。

①子供ができる前の新婚生活
②最初の子供が生まれてから最後の子供が生まれ、子供が結婚するまでの教育生活
③子供がいなくなって二人きりになる熟年生活
↓①は賃貸でも構わないですが、②以降は持ち家を意識する必要があります。その際に長男なら親との同居の可能性があるかどうかを女性に伝えておく必要があります。また、住居のタイプ（マンション・一軒家）も決めておいたほうがよいです。

↓「買う時期と予算」も大事です。男性のボーナスをしっかり貯金して、◯◯万円を頭金にして、◯◯千万円のマンションを買おうと二人で決めておくと、貯金も楽しくなります。

↓住む「地域」もすごく大事です。東京なら何区がよいか、千葉県なら何市がよいかを3候補ぐらい決めておくとよいです。
3．教育：男性は教育費を少なめ、女性は教育費を多めに考える傾向があるので、大枠で合意形成しておく必要があります。

↓子供が一人の場合、その子供を保育園・幼稚園・小学校・中学校・大学・大学院のどこまで行かせるのか？（男の子の場合と女の子の場合）
↓子供が二人以上の場合、同様にどこまで行かせるのか？
↓全て公立なのか、私立なのか？（どこから私立なのか）
↓塾には行かせるのか？
↓習い事は何をさせたいのか？
↓教育費はどこから捻出するのか？　教育費の積立はいつからどのくらい？

4．車：男性は欲しがるが、女性は必要ないと意見が分かれる傾向があります。
↓男性の貯金で買う場合でも、年間の必要経費（保険、車検、税金、ガソリン代、消耗品費用、駐車場代等）を計算の上、給与に余裕があるのかを二人で確認する必要があります。

↓カーシェア（料金は分単位）やレンタカー（料金は時間単位）を選択される夫婦も多いです。

↓子供が生まれてから購入する夫婦が多いです。

5．必要経費（光熱費ほか）：男性が払うのが普通ですが、念のため、誰が払うのか決めておきましょう。

↓水道・電気・ガス・通信・保険、車検、税金、ガソリン、消耗品費用、駐車場にかかる費用を計算しておきましょう。

6．生活費：男性が女性（主婦）に渡す費用＋自分のお小遣いになります。

↓朝昼夜の食事代＋女性のお小遣い＋男性のお小遣い

↓稼ぎの大小によって、金額が変わりますが、二人で決めておくことが大事です。

7．女性の稼ぎ：女性が働いている場合、その稼ぎを全て貯金に回すのがベストです。上記1～6を贅沢にする場合、そこに補填するのもありですが、二人で決めるのがポイントです。

↓男性も女性も給与とボーナスはしっかり正確に相手に開示しておくことが大事です。結婚後の二人の稼ぎはそれぞれのモノではなく、「共同財産」だということを忘れないでください。

8. 趣味や旅行：海外旅行を年に1回とか、ゴルフを月に1回とか、どうしてもコレだけはしたいことをお互いに確認して合意しましょう。
↓合意した趣味や旅行の費用はどこから出すのか（お小遣い？　ボーナス？）を決めておくのも大事です。

話は変わりますが、「結婚新生活支援事業補助金」という制度も最近あるそうなので、調べてみるとよいでしょう。

計画まとめ

1. どうしても譲れないことに関して話し合い、計画をする
2. 子供計画を立てる
3. 住居計画を立てる
4. 教育計画を立てる
5. 車購入計画を立てる

6. 必要経費計画を立てる
7. 生活費計画を立てる
8. 女性の稼ぎの使い道計画を立てる
9. 趣味や旅行計画を立てる
10. 結婚新生活支援事業補助金制度を確認する

第10章　結婚した後2　褒める：LOOK

結婚後の行動2つ目は「褒める」です。

恋愛結婚の場合、結婚した瞬間はお互いの「LOVEレベル100」ですが、どんどん下がっていき、「LOVEレベル70」未満になると、相手の嫌いな部分がドンドン増えていきます。

そして、「LOVEレベル50」未満になると、喧嘩が多くなります。「LOVEレベル30」未満になると、いつでも離婚したくなります。

LOVEレベルを以下のように定義します。

100＝世界で一番好きな人
90＝素敵な人
80＝魅力的な人
70＝タイプの人
60＝気になる人
50＝友達可能な人

40＝付き合いたくない人
30＝話をしたくない人
20＝一緒にいたくない人
10＝見たくもない人
0＝世界で一番嫌いな人

それでは、「LOVEレベル70」を維持するにはどうすればよいのでしょうか？
それが「褒める」です。女性も男性も褒められると、どんどん頑張れます！　逆に、「侮辱される」と愛が冷めていきます。

【女性が男性を褒めるオススメ褒め言葉】

①出世・昇給・合格：どれだけ頑張ったかを具体的に褒めましょう。
↓「主任になったの？　すごいね、同期で1番じゃん！」
↓「月1万円も昇給！　ここんとこ、ずっと頑張ってたもんね！　お疲れ様！」
↓「月間MVP？営業成績が一番になったの？　先輩追い越して大丈夫（笑）」
↓「海外出張？　役員から推薦されたの？　ええっ、どこ行くの？　お土産楽しみ！」

↓「○○資格合格したの？　この2年間の努力が実ってよかったね！　乾杯しましょう！」

②趣味：何がすごいのかを確認して、褒めてあげましょう。

↓「ゴルフでドラコン*取ったの？　おめでとう！　念願叶ってよかったね！」

*（ドライビングコンテストの略称。ドライバーを使って、フェアウェイを捉え、どれだけ遠くに飛ばせるかを競います。）

↓「今日釣ったサバ、めちゃくちゃ大きいね！　今までで最大なの！　すごいね、さすがだね！」

↓「この賞品何？　カラオケ大会で優勝したの？　やっぱり歌うまいもんね！　私も嬉しいよ！」

③仕事のゴール：大きなプロジェクトやイベントが終わったら褒めてあげましょう。

↓「プロジェクト予定通り終わったの？　プロジェクトリーダー初めてなのにすごいね！」

↓「あのイベント終わったの？　しかも、満員御礼！　企画の才能あるよね！」

↓「イベントが終わって、プロデューサーとして名前が有名になったよね！　私も嬉しい！」

④男仕事：自分ではできないことをしてもらったら、褒めましょう！

↓「もう繋がったの？　携帯で無線に繋がらない時、いつも簡単に直してくれてすごいよ！　感謝してます！」

↓「アマゾンプライムビデオで映画が観れるようになったの？　めちゃくちゃ嬉しい！　いつも私ができないことをやってくれてありがとう！」

↓「車、メチャクチャキレイになってた！　明日から車で買い物に行くのが楽しみです！」

⑤体型：痩せた、筋肉がついた（良い変化）の成果がでた時に、褒めましょう。

↓「すごいね、60kgまで贅肉落としたの？　メチャかっこいいよ！」

↓「最近、胸すごくない！　割れてきてるよね！　大好き！」

⑥料理：男性が料理を作ってくれたら、必ず褒めましょう。

↓「やっぱり、アナタが作ってくれたお好み焼きが私は一番好き！」
↓「本当に魚をさばくの上手だよね！　アナタの刺し身に私は興奮するわ！」
↓「アナタのＢＢＱの腕、友達みんなが絶賛だよ！　またキャンプ行きたいって！」

⑦プレゼント：気に入ってないものでも、褒めましょう！
↓「よくこのブランドを見つけたね！　気になっていたの。すごく、嬉しいわ！」
↓「この色、最高！　めちゃくちゃ、嬉しいよ！」
↓「コレ欲しかったんだ！　よく分かったね、ありがとう」

【男性が女性を褒めるオススメ褒め言葉】
①料理：「美味しい」は普通すぎるので、ちょっと一言工夫をしましょう。
↓「僕の大好きなカレー、今日は一段と美味しい、何か工夫してくれたのかな？」
↓「ポトフ、初めて作ってもらったけど、今まで食べたポトフの中で一番好きな味だよ！」

↓「鳥の唐揚げ（トリカラ）、揚げ方が最高！　やっぱりハイボールにはトリカラだよね！」
↓「餃子、具変えたの？　めちゃくちゃ美味しいよ！　月に一度は食べたいな！」
②掃除・洗濯：いつもよりキレイになっていると気づいたら、具体的に褒めましょう。
↓「あれ？　、トイレがいつもよりキレイになっているし、とても素敵な匂いがする！」
↓「床がピッカピカ！　いつも本当にありがとう！」
↓「洗面所の鏡、めちゃくちゃキレイになっている！　ありがとう！」
↓「なんか最近、洗濯物からいい匂いがする！　いつもプラスアルファ、ありがとう！」
③髪型：美容院に行った後は必ず褒めましょう。季節を意識して褒めるとよいです。
↓「また一段と春っぽく明るいイメージになって、新鮮だよ！」

↓「その髪型、夏っぽくていいじゃん！　似合ってるよ！」
↓「秋だから、その髪型がピッタシだよね！」
↓「やっぱり冬は、ロングのその髪型が超素敵だよ！」
↓「あれ？　髪切ったの？　自然に馴染んでるから気づかなかった！　似合っているよ！」

④服：新しい服を着た時は必ず褒めましょう。
↓「ワンピース買ったんだ、とっても良い感じ！　今度パーティーで着てほしいな！」
↓「そのスカート、とっても素敵な色だね！　春にとても映える色だよね！」
↓「素敵なコートだね！　一生懸命探したかいがあったね！　どこにでも着ていけるね！」

⑤体型：痩せた、腰がくびれた、肌がキレイになった（良い変化）の成果がでた時に、褒めましょう。
↓「ええっ、めちゃくちゃウエストくびれたじゃない！　メチャ素敵だよ！」

↓「最近、肌ツヤがとっても良い感じだよね！　いつもキレイでいてくれてありがとう！」

↓「ダイエット頑張ったね！　出会った頃より、メチャ素敵！　惚れ直したよ！」

⑥プレゼント：気に入ってないものでも、褒めましょう！

↓「嘘でしょう！　コレ欲しかったんだ、ありがとう！」

↓「このデザイン、最高！　めちゃくちゃ嬉しいよ！」

↓「高かったでしょう？　すごく嬉しい、大事にするね！」

「褒める」＝「今でも愛してる」を伝えることになります。逆に言うと、「褒める」をお互いにしなくなった夫婦は、「話をするのもつらい（離婚に近づいている）」状況になりやすいので注意が必要です。

褒めるまとめ

1．LOVEレベルを理解する

2. 女性が男性を褒める事例を理解する
3. 男性が女性を褒める事例を理解する
4. 「褒める」＝「今でも愛してる」を伝えることを理解する
5. 「褒める」をお互いにしなくなった夫婦は離婚への道を進んでいることを理解する

第11章　結婚した後3　許す：ALLOW

前章は「褒める」で、本章は「許す」です。

再度お話ししますが、恋愛結婚の場合、結婚した瞬間がお互いの「LOVEレベル100」ですが、どんどん下がっていき「LOVEレベル70」未満になると、相手の嫌いな部分がドンドン増えていきます。

そして、「LOVEレベル50」未満になると、喧嘩が多くなります。

「LOVEレベル30」未満になると、いつでも離婚したくなります。

LOVEレベルを以下のように定義します。

100＝世界で一番好きな人
90＝素敵な人
80＝魅力的な人
70＝タイプの人
60＝気になる人
50＝友達可能な人
40＝付き合いたくない人

30＝話をしたくない人
20＝一緒にいたくない人
10＝見たくもない人
0＝世界で一番嫌いな人

そこで大事になるのが、「許す」です。

「許す」とは、自分がしてほしくないことや失敗が起きても（言われても）、相手を立ててあげる（思いやる）ことです。

コレがお互いできなくなると、険悪になります。

失敗はどんな天才でも起きますので、常に大きな心で相手を支えてあげましょう。


【女性が男性を許すオススメフレーズ】

①トイレ：いつもおしっこを飛ばして汚してしまうのは男性器の特徴です、大目に見てあげましょう。

↓「いっぱいおしっこ飛んでたよ、アナタの○○大きいから、しょうがないよね（笑）」

②酔っ払い：男の人は家を出ると10人の敵がいるといわれています、たまの「酔っ払い」は許してあげましょう。

↓「珍しく酔っ払ったみたいね、大丈夫？　何か悩んでいることがあったら、相談してね！」

↓「お仕事いつもありがとう！　これから飲み直しましょうか？」

③急な友達・先輩：なぜか友達や先輩を連れて帰ってくる男性が多いですが、許してあげましょう。

↓「ええ？　これから先輩が来るの？」↓「分かった、○○は用意しておくけど、○○は途中で買ってきてもらえたら嬉しいわ！」

↓「うそっ！　後輩を泊めるの？」↓「大丈夫、枕と毛布を用意しておくね！」

④高額品：毎月買われたら困るけど、年1回ぐらいなら許可してあげましょう。

↓「次回のゴルフコンペで成績アップしたいから、ドライバー新しくしたいんだけど」↓「そうね、そろそろ変え時よね！」
↓「新しい釣竿が欲しいんだけど」↓「大物釣って、捌いてくれたら嬉しいな！」
↓「スーツ、新しく新調したいんだけど」↓「そうだね、ちょうど私もそう思ってたの、一緒に見に行ってもいい？」
⑤寝坊・ズル休み：社会人になって、寝坊やズル休みする旦那は信じられないと思いますが、必ず理由がありますので、許してあげましょう。
※当日は何もなかったことにして、1ヶ月ぐらいは要注意で観察しましょう。
↓「ちょっと体調が悪いから、今日遅刻するよ」↓「分かった、何時に起こす？」
↓「熱があるみたいなので、今日は休むよ」↓「大丈夫、なにか欲しいものある？　私も休もうか？」
⑥約束を忘れる：仕事で切羽詰まっている時、男性は奥様との約束をよく忘れますが、許してあげましょう。

※結婚記念日や誕生日を忘れる男性もたまにいますが、後日優しく伝えて、お祝いしてもらいましょう。

↓「アレ買ってきてくれた?」↓「ごめん、忘れてた!」↓「ううん、大丈夫! 仕事頑張ってね!」

↓「昨日、記念日だったんだけど」↓「やばい、忘れてた」↓「1週間後にお祝いしてくれたら嬉しいな!」

【男性が女性を許すオススメフレーズ】

①料理:うまく料理ができなかった時は、頑張って作った結果なので許してあげましょう。

※「こんなまずいモノ食べられるか!」と言って、離婚届を突きつけられた男性がいますので注意。

↓「あれ? 知ってたっけ、俺コゲ大好きだよ!」

↓「わざと薄味にしてくれたんだね! いつも俺の健康を注意してくれて、ありがとう」
↓「このグラタン、新しい感じだね！　俺は好きだよ！」
↓「この魚、レアな感じがとっても美味しいよ！」
②付き合い：わざわざ許可を求めてきた場合、全て賛同してあげましょう。
※下記パターンに対して全て「ダメ」と言うと、女性は勝手に嘘をついて行くようになります。
どうせ行くので、最初っから、行かせてあげたほうが株が上がります。
↓「同窓会行きたいんだけど」↓「もちろん、楽しんできてね！」
↓「友達と旅行行きたいんだけど」↓「最近行ってなかったもんね、久しぶりにどうぞ！」
↓「コンサート行きたいんだけど」↓「いつも頑張ってくれているから、羽伸ばしてきな！」
③高額品：基本的によくよく考えた末に「許し」を乞うてきているので、賛同してあげましょう。

※ＬＯＶＥレベルを上げるチャンスです、許してあげましょう！
↓「どうしても友だちのハワイの結婚式に行きたいんだけど」↓「行って来な、お金足りなかったら出すよ」
↓「営業の仕事になったので、あのバッグが欲しいのだけど」↓「分かった、俺がプレゼントしてあげるよ！」
↓「友だちの結婚式に真珠のネックレスが欲しいんだけど」↓「せっかくだから、ピアスもセットで買ってあげるよ！」
④親や親戚との付き合い：基本的に全て賛同してあげてください。
※結婚とは相手の家族と繋がることなので、自分の親や親戚だと思って許可しましょう。
↓「親戚に不幸があって、明日お通夜なんだけど」↓「分かった、行ってきな、交通費出そうか？」
↓「親戚の結婚式が来月あるんだけど」↓「ゆっくり前泊してもいいよ、ご祝儀や交通費大丈夫？」

↓「おじいちゃんの七回忌行きたいんだけど」↓「もちろんいいよ。行ってきな！　俺も行こうか？」

⑤破損：料理中や掃除中に大事なものを壊してしまった時も、許してあげましょう。

↓「バカラのグラス、割っちゃった、ごめんなさい」↓「そろそろ違うデザインが欲しいと思ってたからちょうどよかったよ！」

↓「ガチャン！　ああ、大事な皿、割っちゃった」↓「怪我してない？　皿なんかより、オマエが大事だよ！」

許すまとめ

1. 許す＝思いやる
2. 女性が男性を許すを理解する
3. 男性が女性を許すを理解する

第12章　結婚した後4　確認する：CHECK

本章では「確認する」を説明します。

何を確認するのか？

基本的には、「異常＝いつもと違う」を確認することが大事です。

浮気・ストレス・病気・失業・自殺、その他諸々の前兆は必ず、「異常」から始まります。


【女性が男性を確認するポイント】

①浮気：私は分かってますよ、早くやめてね感がうまくいきます。
※「アナタ、浮気してるでしょ！」は陳腐で、喧嘩になるだけなので、やめましょう。
↓「あれ？　下着のセンス変わったよね、オシャレだよね！」
↓「今日のネクタイ、初めての色合いだよね、いいんじゃない！」
↓「最近、めちゃくちゃ優しいよね、愛してるよ！」
↓「あれ？　携帯ロックしたの、貴重な資料を携帯に入れて、仕事してるんだね、頑張ってるね！」
↓「（クレジット明細またはたまたま見つけたレシートを見て）素敵なレストランで接待したみたいね、今度私も連れてってほしいな！」
②ストレス：職場が変わった、上司や部下が変わった、営業品目が変わった時、過剰なストレスで異常が出てきます。そんな時は優しくいたわってあげましょう。
↓「最近、遅いけど大丈夫？　肩もんであげるね！」
↓「そうなんだ、上司が変わって大変なんだ！」「一生同じ上司じゃないから、ココは我慢のしどころ、週末を一緒に楽しみましょう！」
↓「今度売る商品はそんなに売れないんだ！」「単品で売れなきゃ、セット売りするとか……」「アナタだったら、絶対売る方法を見つけられるよ！」
③病気：いつも汗をかいている、急に太りだした（細くなった）、目が死んでいる等を見つけたら、うまく諭して病院に連れて行きましょう。
↓「ねえ最近、いつも汗をかいてない？」「この前私も行ったあの病院、良いみ

たい」「週末行ってみましょうよ！」
↓「恰幅良くなってきたよね（太ったとは言わないように）」「体調悪かったら、私がこの前行った病院で検査してみない？」
↓「ねえ、目が疲れている感じ」「最近の目薬良いみたいだから、眼科に行って処方してもらおうよ！」

④失業：失業しているのに毎朝出勤しているふりをしている男性がたまにいます。
※失業しても、ゆっくり探せば大丈夫と安心させてあげましょう。
↓「お帰りなさい、毎日お疲れ様です」「最近友達の旦那さんが失業したらしいけど、1ヶ月以上、隠されていたのがつらかったって」「アナタが万が一失業したら、一人で悩まないで、教えてね！」「1年ぐらいは貯金があるから大丈夫だからね！」

⑤自殺：会社員の半数がストレスを感じていて、そのうちの10人に1人が自殺を考えたことがあるそうです。異常を感じたら、早めに救ってあげましょう。
↓「最近よく起きるよね（ぐっすり寝てないよね）、大丈夫？」「つらかったら、

会社辞めてもいいよ」「死にたくなったら私も一緒に死ぬから、教えてね」「アナタなしの人生なんて、全く魅力を感じないわ」

⑥怒る：上司から毎日怒られていると、妻に怒る人がいるようです。怒る原因を聞いてあげて、アナタの不満が解消されるのなら、私は怒られても大丈夫と伝えましょう。

↓「最近、いつも怒ってるね、会社の不満が多いのね、毎日家族のために戦ってくれてありがとう！」「アナタの不満が解消されるのなら、私は怒られても大丈夫」「でも怒るのも体力いるから無理しないでね」

【男性が女性を確認するポイント】

①無口：何か不満を感じています。最近の出来事をしっかり思い出して、過ちを感じたらすぐに謝りましょう。

↓「この前、料理が美味しくないって言ってしまい、本当にごめん」「仕事のストレスでご飯どころじゃなかったんだ」「いつも美味しい料理を作ってくれて、ありがとう」

↓「喧嘩した時、デブって言ってゴメン」「少しぐらい太っているオマエが大好きだから、無理なダイエットなんかしなくてよいからね！」「キレイだよ！」

↓「掃除もできないのかよ！って言ってしまってゴメンなさい」「いつもキレイにしてくれて感謝してるよ」「たまには掃除しなくても全然問題ないから、本当にゴメン」

②浮気：女性の浮気は巧妙なので、分かりづらいけど、釘を刺すのは早いほうがよいです。

↓「あれ、また旅行？　いっぱい楽しんできてね、お土産楽しみにしてるよ！」

↓「最近、下着のセンスが変わったよね、俺もめちゃ気に入ってるよ！」

↓「携帯ロックしてたっけ？　俺は携帯見たりしないから、ご安心ください（笑）」

↓「バッグと靴、新しくしたの？　友達の結婚式だよね、誰だろう？」

③生理不順：生理不順の原因の一つには、ストレスが挙げられます。優しくどんな話でも聞いてあげましょう。長い話になりますが、話を遮らず、最後まで聞

いてあげることが大事です。

↓「生理不順なの？　ストレス溜まっているんじゃない？　今日なら、ゆっくり聞いてあげられるから、話してみて」

④怒る・言葉遣いが悪い：自分が知らないところで、いじめられていたり、親友と別れたりすると、怒ったり・言葉遣いが悪くなることがあります。時間を作って、ゆっくり原因を聞いてあげましょう。聞いてあげるだけで、解決できることが多いです。いつでも味方だよと伝えることが大事です。

↓「最近、怒ってたり、言葉遣いが悪くなってるけど、大丈夫？」「もし困っていることや悩みがあったら、今日はゆっくり聞いてあげるから、聞かせて欲しいな」「どんな時でも、俺はオマエの味方だからな！」

確認するまとめ

1. 異常を発見したら原因を確認し、是正する
2. 女性が男性を確認するポイントを理解する

一 3. 男性が女性を確認するポイントを理解する

第13章　結婚した後5　励ます：ENCOURAGE

本章では、「励ます」を説明します。

結婚してから、お互いのだんだん「LOVEレベル」が減っていき、LOVEレベル50未満になると離婚の危機と説明しました。

LOVEレベル50未満にならないようにするためには、お互いに「不安・不満・嫌な事」をなくすことが大事です。

具体的にどういう時にどのように「励ます」のかは以下になります。

【女性が男性を励ますオススメフレーズ】

①仕事：最近、仕事がうまくいってないと男性が感じている場合、「励ます」ことが大事です。

→「仕事大変そうだね、でもアナタだったら、1発さよならホームラン打てるから、今はコツコツ頑張ってね！」

→「今度の上司、厳しそうね、大丈夫！　嫌な上司はだいたいすぐに異動になるから、アナタにしかないスキルを磨いて、今は耐える時よ！」

↓「仕事が不調なの？　同期でトップのアナタは頑張りすぎたんだよ、少しリラックスして、力を溜めてみたらどう？」
↓「ええっ、同期の○○さん昇進したの？　大丈夫だよ、アナタの才能は私が保証してるから、亀さん作戦で頑張りましょう！」
↓「嘘でしょ！　仕事でミスしたの？　アナタがミスするぐらいだから、誰がやってもダメだったんだよ、こういう時はカラオケで発散しましょう！」

②趣味：仕事がうまくいってる時は趣味が不調なことがよくありますが、こちらも「励ます」ことが大事です。
↓「今回のコンペも優勝逃したの？　いつもトップじゃなくても良いじゃない、アナタはイケメンだし、ゴルフぐらいは他の人に譲ってあげたら（笑）」
↓「大きい魚、逃しちゃったの？　残念ね！　でもこの前、大きい魚釣ってきて、刺し身にしてくれてめちゃくちゃ嬉しかった！　次回は今日以上の大きい魚に会えるよ、絶対！」

③（昇進や資格）試験：不合格だった場合にも、「励ます」のを忘れないように。

↓「そうか、昇進試験残念だったね、大丈夫！　まだ、本気出してなかったんでしょ、私は知ってるよ、アナタが本気出したらすごいって！」
↓「○○資格試験、不合格だったの？　残念だったね！　でもあの試験メチャクチャ難しいんでしょ！　1発で受かる人は運が良かっただけだよ、次回は絶対受かるから、今日は飲もう！」

④薄毛：髪が薄くなって、外見を気にし出したら、「励まし」が大事です。
↓「抜け毛が多くなったって？　大丈夫！　アナタは顔がメチャイケメンだから、薄毛になったって、メチャクチャかっこいいもん！」
↓「薄毛で悩んでるの？　そうか、一気にスキンヘッドにしてみたら、気持ちが楽になるかもよ、私は似合うと思うよ！」

【男性が女性を励ますオススメフレーズ】

①体重増：ちょっと太り始めて、ダイエットがうまくいってない時には、「励まし」が大事です。

↓「体重が思うように減らないの？　でも毎日ダイエット頑張ってるよね、そのうち効果が出てくるよ、でも俺は今の体重でもめちゃくちゃ素敵だと思ってるんだけどな」

↓「ダイエットうまくいかないの？　だいぶ頑張ったから、今月はダイエット中止して、好きなもの飲んだり食べたりしてみたら？　来月からまた頑張ろう！　さてドコ行きたい？」

②妊娠・出産：初めての妊娠の時、毎日が不安で大変です。毎日、「励ます」ことを忘れずに。

↓「今日、体調どう？　そうかよかったね、無理しないでね、何かあったらすぐ帰ってくるからね！」

↓「ええっ、今日お腹を蹴ったの？　すごいね！　いつも赤ちゃんをしっかり守ってくれてありがとう、僕にできることがあったら何でも言ってね！」

↓「そうだよね、不安だよね、膝枕してあげるから、ちょっとゆっくりしてごらん」

③嫌なことが起きた：女性はちょっとしたことでも男性の想像以上にイライラします。そんな時こそ、ちゃんと話を聞いてあげて、「励ます（同意してあげる）」ことが大事です。

↓「ええっ、ゴミ出しで怒られたの？　ちゃんと出しても、難癖つける人っているんだよね、会社にもいるよ！　僕はそういう人は心が可哀想な人だと思って、不満を聞いてあげるんだ。だから、今度怒られても、可哀想な人なんだと思えば、嫌な思いをしなくて大丈夫だよ！」

↓「嘘でしょ？　髪型ヘンって言われたの？　信じられない、こんなに似合っているのに？　俺は今の髪型メチャ好きだよ！　多分、その子、失恋とか何か悪いことがあって、幸せいっぱいの姿を見て、ヤキモチ焼いたんだよ！　可哀想な子だね、その子！」

④仕事：女性だからということで、男性から嫌味を言われたり、いじめにあっていそうだったら、励ましてあげましょう。

↓「ええっ？　そんなこと言われたの！　そうか、それは男のやっかみだよ、アナタが優秀すぎて超えられないから、嫌味を言ってるんだよ。ある意味可哀想な男だから、反論せずに、素直に『私はそういうところあるよね、アドバイスありがとう』って言ってみたら（笑）」

↓「そうか、女子にいじめられてるんだ！　分かるなあ、キレイで優秀すぎて、羨ましがられてるんだよ！　うちの会社でもそういう女性いるよ。でも彼女はいじめられても、特に反論も反感もせず、いつの間にか多くの女子を味方にしてるよ」

励ますまとめ

①お互いに「不安・不満・嫌なこと」をなくすことが大事
②女性が男性を励ますオススメフレーズを理解する
③男性が女性を励ますオススメフレーズを理解する

第14章　結婚した後6　性的関心：SEXUALITY

結婚後の性事情は、お互いの「性的関心」によって、うまくいかないことがあります。

よく「性の不一致」って言いますが、これは「SEXの相性が悪い」ではなく、「性的関心」に多くの違いがあり、これ以上夫婦生活ができなくなり、離婚する時の理由になります。

お互いに「性的関心」を早い段階で告白するのが、夫婦円満のコツです。

恥ずかしながら告白するので、どんなに自分では嫌いなことでも、絶対に「完全否定」しないでくださいね。

できるだけ、同調してあげるのが大事です。

ただ無理すると、自分がストレスでボロボロになるので、できる範囲を二人で決めましょう。

それではどんな性的関心があるのか、解決法は？　を説明します。

【女性の性的関心と男性の解決法】

①パンツ好き：トランクス好き、ブリーフ好き、ビキニ好き等、いろいろ好きがあるそうです。できる限り、女性の好きなパンツをはいてあげましょう。

↓「ええっ、ブリーフ好きなの？　いいよ、ブリーフに変えるよ！　何色が好き？　白、オッケー！」

②マスターベーション好き：女性でもマスターベーションをする人は増えています。色んな機具を使って、そういう行為をしてる姿を見て見ぬふりをしてあげましょう。浮気されるより、安全です。

↓「ただいま！あれ？　いないのかな、帰ってきたけど、これからシャワーを浴びるから、ゆっくりしててね」

③キス好き：男性よりも女性の方がキス好きが多いです。セックスする時は必ず、キスをしてからスタートしましょう。

↓「そんなにキス好きなんだ、知らなかったよ、これからはちゃんとキスから始めるからね！」

④匂い好き：男性に香水をつけてほしい女性がいます。会社につけていかれないなら、土日だけつけてあげましょう。
→「そうなんだ、ダンヒルの香水の匂いが好きなんだ！　分かった、今度の土曜から週末だけつけてあげるね！」

【男性の性的関心と女性の解決法】

①セックス好き：定期的なパターン化か、女性リードがよいと思います。また、記念日（結婚記念日・お互いの誕生日）は基本的にアリにしておくのも大事です。
→「分かってるよ、何とか最低でも1週間に1回は私も抱いてほしいの、だからOK枕でもいい？　私の枕が横じゃなくて縦になってたら、優しくしてね！キャーッ（笑）」
②ミニスカ好き：どうしてもミニスカには男をムラムラさせる効果があります。自分が好きじゃなくても、たまにははいてあげましょう。

↓「ええっ、ミニスカはいてほしいの？　分かった、月1でもよい？　家だけでもよい？　だったら、大丈夫だよ！　楽しみにしてね！　アナタの枕が斜めだったら、翌日はミニスカデーだよ（笑）」

③ストッキング好き：ミニスカ同様、ストッキング好きもいます。変態だと思わず、ストッキングをはいてあげましょう。

↓「ストッキングフェチだったの？　知らなかった！　セックスデーの時、着けてあげるね！　何色がよいの？（笑）」

④マスターベーション好き：今まで通り、自分でするのが好きな男性も多いです。アドルトビデオを見ながら、そういう行為をしてる姿を見て見ぬふりをしてあげましょう。浮気されるより、安全です。

↓「（マスターベーションしてる姿を見てしまい）ゴメン、仕事中だよね。先に寝るから、ゆっくりしてね。」

⑤パンツ好き：色やデザインにこだわる男性がいます。可能な範囲で願いを叶えてあげましょう。

↓「シンプルなシルクで、白のパンツが好きなんだ！　知らなかった、できるだけセックスデーはそうするね（笑）」

⑥匂い好き：好きな香水や好きな匂いがある男性がいます。できるだけその香水や匂いをつけてあげましょう。

↓「そうなんだ、先週の結婚式につけてた香水が好きなんだ！　できるだけ、この香水をつけるようにするね！」

性的関心まとめ

---

①お互いの性的関心を完全否定しない、できるだけ寄り添う
②女性の性的関心を理解する
③男性の性的関心を理解する

第15章　結婚した後7　尊敬：RESPECT

本章含め、残り2章は結婚後の「結婚の本質」に当たる部分です。

結婚した以上、この2章の教えを常に心に置いておくことで、素敵な結婚生活が過ごせると思います。

そもそも、結婚とは「一緒にいたい人との死ぬまで一緒にいる長期契約」であり、「家族になる契約」です。

タイミング良く出会い、結婚できた二人は、ある意味「奇跡」です。

人間に生まれるだけでも、すごい確率の中で生まれてきました。

その人間の男と女が夫婦になる確率はさらに、すごい確率です。

まして、その夫婦から子供が生まれる確率はさらにさらに、すごいすごい確率なのです。

この「奇跡」を信じることが、大事です。

お互いに少なくても1つ以上、「尊敬できるところ」があったから結婚しています。

だから、「もっと良い人と結婚したかった」とか、「この人は違う」とか考え始めた時、「尊敬できるところ」をしっかり思い出しましょう。

【女性が男性を尊敬するところ】

・コミュニケーション能力が高い
・一人の過ごし方を知っている
・適当と律儀のバランスが良い
・英語やフランス語が話せる
・些細なことにもお礼を言う
・船やヨットを運転できる
・いつも冷静で余裕がある
・体も心も常に磨いている
・付き合いを大切にする
・お金の使い方がスマート
・感謝する心を忘れない
・海外に精通している
・いつも努力している

・体を鍛え上げている
・意見を押し付けない
・見た目がかっこいい
・豊富な経験がある
・周りに流されない
・他人を尊重できる
・常に向上心がある
・ポジティブである
・親切かつ丁寧である
・野心を持っている
・向上心を忘れない
・差別化できている
・有言実行できる
・順応性が高い

・誠実でまじめ
・いつもモテる
・紳士的である
・女性受けする
・常に前向き
・博識

【男性が女性を尊敬するところ】

・片付けが上手でいつもテーブルがキレイ
・裁縫が上手ですぐボタンを付けてくれる
・いつでも優しい声（罵声を浴びせない）
・謙虚で相手のことを素直に評価できる
・掃除が上手でいつも家がキレイ
・いつもキレイな肌をしている

・料理の種類が豊富で美味しい
・自分の意見をきちんと言える
・ファッションセンスが素敵
・人間関係を作るのがうまい
・いつも素敵な匂いがする
・相手の立場に配慮できる
・細かな気配りができる
・トイレがいつもキレイ
・洗濯とたたみ方が上手
・積極的で行動力がある
・精神的に自立している
・身のこなしがキレイ
・誰に対しても平等
・歩き方がキレイ

・思いやりがある
・知的で学がある
・社交的である
・モラルを守る
・自立している
・自慢できる
・髪型が素敵
・約束を守る
・声が素敵
・心が広い

どうですか？
やっぱり夫（妻）の尊敬できる点がいっぱいありましたよね。
しっかり、そのコトを頭の片隅の「宝箱」にしまって、何か相手の嫌なところを見つけた時は、その「宝箱」を見てみましょう。

他の誰よりも「尊敬できるところ（一目を置くところ）」をしっかりメモに書き出しましょう（尊敬メモ）。

そして、「尊敬メモ」を宝箱にしまって、たまに開けてみるのが大事です。

離婚して、今の人より「尊敬できる人」を見つけられる自信がありますか？

嫌5じゃない限りは、しっかり「尊敬メモ」を思い出すのが大事です。

尊敬まとめ

①男性の尊敬できるところを理解する
②女性の尊敬できるところを理解する
③結婚する前に尊敬していたことを思い出す
④尊敬メモを書いて、宝箱に入れて、たまに開ける

第16章　結婚した後8　感謝：THANKS

とうとう最終章です。

最後は夫婦じゃなくても、人間としてもいちばん大事な行動になります。

そうです、感謝です。

人間に生まれたことに、まず感謝です。

『1から分かる親鸞聖人と浄土真宗』によれば、次のようにあります。

誰かに何かをしてもらったとき感謝の気持ちを込めて「ありがとう」と言います。「ありがとう」と言われて嫌な気持ちになる人はいないでしょう。「ありがとう」は感謝の言葉ですが、漢字で書くと「有り難う」です。「有る」ことが「難しい」と書かれていますが、なぜこれが感謝の意味になるのでしょうか。それは語源である仏教のたとえ話を知ると納得できると思います。

〝「ありがとう」の語源『盲亀浮木のたとえ』仏説譬喩経（ぶっせつひゆきょう）に「盲亀浮木（もうきふぼく）のたとえ」と言われるたとえ話があります。ある時、釈迦が、阿難（あなん）という弟子に、「そなたは人間に生まれたことをどのように思っているか」

と尋ねた。「大変、喜んでおります」と阿難が答えると、釈迦は、次のような話をしている。「果てしなく広がる海の底に、目の見えない亀がいる。その盲亀が、百年に一度、海面に顔を出すのだ。広い海には、一本の丸太ん棒が浮いている。丸太ん棒の真ん中には小さな穴がある。その丸太ん棒は、風のまにまに、西へ東へ、南へ北へと漂っているのだ。阿難よ。百年に一度、浮かび上がるこの亀が、浮かび上がった拍子に、丸太ん棒の穴に、ひょいと頭を入れることがあると思うか」阿難は驚いて、「お釈迦さま、そんなことは、とても考えられません」。「絶対にないと言い切れるか」「何億年掛ける何億年、何兆年掛ける何兆年の間には、ひょっと頭を入れることがあるかもしれませんが、無いと言ってもよいくらい難しいことです」「ところが阿難よ、私たちが人間に生まれることは、この亀が、丸太ん棒の穴に首を入れることが有るよりも、難しいことなんだ。有り難いことなんだよ」

と、釈迦は教えている。「有り難い」とは「有ることが難しい」ということで、めったにないことをいいます。人間に生まれることは、それほど難しいことなのです。

仏教では、人間に生まれてきたことは大変、喜ぶべきことであると教えられています。「他人から何かしてもらうことは、めったにないことなんだよ、有り難いことなんだよ」というところから「有り難い」、それがくずれて「有り難う（ありがとう）」となりました。〟

『【小林正観】人生のステージが変わる「年齢×1万回のありがとうの法則」』によれば、次のようにあります。

〝ありがとうを唱え続けていると人生のステージが変わります。年齢×1万回のありがとうを唱えることで自分がこうなってほしいと思うことが実現することがあります。2万回を超えると、妙な現象が降ってきて、なんでこんな現象が起きるのだろうと思っていたら、家族や友人がそう願っていてくれていたことが分かる。これが第二ステージです。3万回を超えて第3ステージになると、自分も考えたことがないおもしろいことが、いきなり降ってくるようになります。ただし、執着していると駄目。執着なしに、そうなってくれたら嬉しい、楽しい、幸せというのはいいけれども、そう

ならなきゃ駄目だと思っていたら実現しません。〃

「ありがとう」がお互いに言える家庭を作ることが大事です。

【女性が男性に感謝する言葉】

・いつも「キレイだ！」って褒めてくれて、ありがとう！
・いつも「可愛い！」って褒めてくれて、ありがとう！
・いつも「スタイルいいよね！」って褒めてくれて、ありがとう！
・いつも「頭いいよね！」って褒めてくれて、ありがとう！
・いつも「優しい！」って褒めてくれて、ありがとう！
・いつも「料理が美味しい！」って言ってくれて、ありがとう！
・いつも「部屋がキレイだ！」って言ってくれて、ありがとう！
・いつも「トイレがキレイだ！」って言ってくれて、ありがとう！
・いつも「髪型が素敵だ！」って褒めてくれて、ありがとう！
・いつも「洗面台がキレイだ！」って言ってくれて、ありがとう！

・いつも「ベッドがキレイだ！」って言ってくれて、ありがとう！
・いつも「センスが良い！」って褒めてくれて、ありがとう！
・いつも「よく気がきく！」って褒めてくれて、ありがとう！

【男性が女性に感謝する言葉】
・いつも倹約してくれて、ありがとう！
・いつもキレイでいてくれて、ありがとう！
・いつも優しい声で話しかけてくれて、ありがとう！
・いつも美味しい料理を作ってくれて、ありがとう！
・いつも洗濯して、キレイに畳んでくれて、ありがとう！
・いつもスーツをクリーニングに出してくれて、ありがとう！
・いつも家の中をキレイに片付けてくれて、ありがとう！
・いつもトイレをキレイにしてくれて、ありがとう！
・いつも「行ってらっしゃい！」って言ってくれて、ありがとう！

・いつも「お帰りなさい！」って言ってくれて、ありがとう！
・いつも「アナタなら大丈夫！」って言ってくれて、ありがとう！
・いつも「さすが！」って褒めてくれて、ありがとう！
・いつも「知らなかった！」って褒めてくれて、ありがとう！
・いつも「すごい！」って褒めてくれて、ありがとう！
・いつも「センスあるね！」って褒めてくれて、ありがとう！
・いつも「そうなんだ！」って褒めてくれて、ありがとう！

兎にも角にも、何かしてもらったら、しっかり「ありがとう」を口にしましょう！
そうすれば、いつも家庭が感謝にあふれて、穏やかな空気になります。
すぐに、「ありがとう」が言えないなら、まずはしっかり「挨拶」をしましょう。

・おはよう
・行ってらっしゃい
・お帰りなさい

・お疲れ様
・おやすみなさい
「挨拶」がなくなり、「尊敬」もなくなり、「感謝」がなくなると、空気がどんよりしてきて、全く会話がなくなります。

そうならないためにも、「挨拶」→「感謝」→「尊敬」が大事です！

夫婦って、一番良い状態は「空気みたいなもの」ってよくいわれます。

それは、先ほど説明した通り、「感謝」であふれている状態だと思います。

相手の嫌な面ばかり目についてくる夫婦生活の中で、相手を尊敬し、感謝することが一番大事なのです。

感謝まとめ

①人間に生まれたことに、まず感謝
②結婚できたことに、感謝
③女性が男性に感謝する言葉を理解する

④男性が女性に感謝する言葉を理解する

⑤最高の夫婦＝「空気みたいなもの」

【シン・結婚学：まとめ】

『結婚学の教え3』

◎結婚学1：シン・結婚論：THEORY

↓結婚とは「一緒にいたい人との契約・家族になる契約」

◎結婚学2：人間論：HUMAN

↓男性と女性とは同じ人間だが機能が違う

◎結婚学3：地球人論：EARTHLING

↓男性は火星から、女性は金星から来た

『結婚前の教え5』

◎結婚する前1：好きと嫌いの魔法5：FIVE YES & NO

↓好きと嫌いの5つを書き出そう

◎結婚する前2：出会いの場所：AREA

↓出会える場所を理解しよう

◎結婚する前3：出会いのチャンス：CHANCE
↓チャンスを逃すな
◎結婚する前4：経験：EXPERIENCE
↓経験を理解しよう
◎結婚する前5：選別：SELECTION
↓プロポーズする相手を決めよう・プロポーズされてよいかを決めよう

『結婚後の教え8』
◎第9章：結婚した後1：計画：PLAN
↓しっかり計画しよう
◎第10章：結婚した後2：褒める：LOOK
↓しっかり褒めよう
◎第11章：結婚した後3：許す：ALLOW
↓しっかり許そう

◎第12章：結婚した後4：確認する：CHECK
↓しっかり確認しよう
◎第13章：結婚した後5：励ます：ENCOURAGE
↓しっかり励まそう
◎第14章：結婚した後6：性的関心：SEXUALITY
↓しっかり性的関心を理解しよう
◎第15章：結婚した後7：尊敬：RESPECT
↓しっかり尊敬しよう
◎第16章：結婚した後8：感謝：THANKS
↓しっかり感謝しよう

『シン・結婚学』として、まとめるならば、

①結婚＝タイミング
②結婚相手＝好きと嫌いの魔法5
③最高の夫婦＝空気みたいな夫婦になること

【FAQ】

アドバイスしていた男女からよく質問された内容と私からの回答は以下になります。

①子供が欲しいが妻が妊娠しない!

↓女性は母親から「オギノ式＊1」という排卵日予測法を教えられていますが、ストレス等で正確では有りません。そこでオススメなのは、「排卵日チェッカー」です。通販で検索すれば、購入できます。問題は使い方ですが、印が出たら(排卵が起きている)、24時間以内にできるだけ、性行為をしてください。できれば、朝・昼・晩の3回が理想です。この方法を教えて1年以内に妊娠しなかった夫婦はいません。もし、妊娠しなかった場合は、どちらかの体の問題がある可能性が高いので、お医者さんに相談願います。

＊1:オギノ式とは? 新潟の産婦人科医荻野久作が1924年『日本婦人科学会雑誌』に発表した、排卵日予測の方法で、世界的に認められているものです。オギノ式によると、排卵日の14日後に月経が始まります。つまり月経

予定日から14を引けば、月経から何日目に排卵が起こるかを推定できます。

②離婚した者同士、再婚すべきでしょうか？

↓離婚した者同士の再婚は基本的にOKです。しかしながら、片方だけ子供がいる場合は、注意が必要です。奥様が子連れの場合は、産んでもらえないケースがあるのを理解した上で、結婚してください。離婚した人と初婚の人との結婚は、基本的にNGです。しかしながら、幼馴染みの憧れの女性が離婚して田舎に戻ってきた等では幸せな夫婦になっているケースもあります。

③浮気を知っても黙っていた方がよいですか？

↓何をもって浮気と判定するのかは難しいですが、自分の旦那さんや奥様が浮気しているっぽいぐらいで、問い詰めるのはよくないです。まして、相手の携帯やパソコンの中から画像やメールを見つけたりするのは、夫婦といえども良くない行為です。そういう行為をしただけで、信頼関係が崩れ、離婚になったケースが多々あり、少なくないことをお伝えしておきます。つまり、相手から浮気をしており、本気になったので離婚したいと言われるまでは、無視すべきです。浮気なら必ず戻ってきます。しっかり相手を観察して、仕事や家庭の不安を取り除いてあげることが大事です。

④どうしても離婚したいのですが、再婚できると思いますか？
↓何が原因で離婚するのかが大事です。どうしても嫌な「嫌い5」が結婚後に見つかったのでしたら、精神的にもストレスが溜まって、病気になるので、離婚をオススメします。しかしながら、そうでない場合は、離婚しない方がよいし、再婚してもまた離婚する可能性が高いです。離婚は癖になること（簡単に離婚するようになる）をお伝えしておきます。

⑤モテたいけど、どうしてよいかが分からない！
↓男でも女でも、他との差別化を図るのがよいと思います。また、有名人で似

ている人の服装や声のマネをするとか、同性で憧れている人に似せていくのもよいと思います。外見的には、男性なら帽子や着物で、ビジュアルが変わります。女性は髪の長さや髪型・髪の色を他の人と変えるのも自分自身が変わるようで新鮮です。さらに、内気な人はカラオケで自信のある曲を3曲作ってください。1つは「アニメ」、もう1つは同世代で異性に「人気の曲」、そして最後は「英語の曲」。この3曲を持っていると、積極的になれますよ！

最後に、人によく「ありがとう」と言われることがあれば、さらに磨きをかけるのがよいと思います。例えば、困っている友達にご飯を作ってあげる、話を最後まで聞いてあげられる、何かあればすぐに駆けつける等。

⑥片方が子供は欲しくないと言った場合、離婚すべきか？

↓結婚する前は子供が欲しいと言っていたのに、結婚後にどちらかが子供を欲しくないと言った場合、離婚すべきだと思います。結婚とは家族になる契約という意味では、未来の家族（子どもたち）を受け入れられないのは契約不履行だと思います。

⑦親と同居しないと言っていたのに、することになった、離婚すべきか？

↓子供が欲しくないに比べて比較的多いケースです。次男と結婚しても長男が海外で生活することになり、次男が親の面倒を見ることがあります。この場合は自分のストレス度合いをしっかり伝えて、防御策をしっかり二人で立てながら、結婚を継続しましょう！　このケースで離婚すると、また同じことが起こった時に離婚することになります。

⑧結婚前の貯金は夫婦の共有資産なの？

↓結婚前の貯金は個人資産なので、自分の自由に使っても大丈夫です。結婚後はアルバイトやメルカリ等の少額収入でも、共有資産なので、お互いに相談して使う必要がありますし、原則的にはお互いの収入は開示すべきです。

⑨パソコンや携帯は別々にした方がよいですか？

↓携帯は別々でもパソコンは共有している方がいらっしゃいますが、基本的には別々にすべきです。同じパソコンで、PCメールを別々にしていても、相手のPCメールを見られることがあり、浮気等のメールを見つけ、大きな問題になり、最悪離婚になることがあります。前述通り、夫婦でも個人情報は保護すべきです。

⑩マンション等高額な買い物はどのようにすべきですか？

↓旦那さんだけが働いている場合は、彼の給与でローンが組める範囲で購入すべきです。ただし、お互いの親から頭金を出してもらうのもよいと思います。二人で働いている場合も、できるだけ旦那さんの給与でローンを組める範囲で購入することがよいです。奥様の給与は教育費として貯金していくのがよいです。

あとがき

本編を書き上げて、改めて「結婚」は奥が深いと思いました。

今回、結婚に関するあらゆるメディアを通じて、最新結婚事情を勉強しました。

結婚に対する考え方、ましてや結婚そのものの是非が異なる中、恋愛から結婚がスムーズに行かない時代になったのだと認識させられました。

まさしく、「シン・結婚」時代になったのだと思います。


目次を決めるまでに、十分時間をかけることが出来たので、各16章はサクサク執筆出来ました。

しかしながら、書体がまちまちで、編集では編集者の方々に助けて頂きました。

「好きと嫌いの魔法5」の法則から、誰でもすぐに出会えると思いますが、その方と結婚出来るのか？は大きなハードルです。

但し、そんなに思い詰めなくても良いかな？と思います。

つまり、胸キュン婚でも、できちゃった婚でも、どんな婚でも結婚の機会（波）は上手に乗った方が良いと思っています。

そして、結婚することよりも、離婚しないようにするのが難しいです。

さらに、離婚は繰り返すので、離婚をしないことが大事です！

執筆の機会をくれた、あいじょう合同会社代表の灘口悟様に感謝します。

また、企画段階でアイデアをいっぱいくださって、目次決定までお付き合い頂いた株式会社幻冬舎メディアコンサルティング玉城夏芽様にお会いできて本当に良かったです。

最後に、株式会社幻冬舎メディアコンサルティング鈴木瑞季さんと増澤曜子さんには、稚拙な文章を素晴らしい文章に編集して頂き、さらに素敵なカバーをデザインして頂き、本当に本当にありがとうございました。

私の夢が、１つ叶いました！
この本が恋愛や結婚で悩まれている多くの方々の一助になれば嬉しいです！

２０２３年9月20日　丈 玄空（じょう しずく）

著者紹介

丈 玄空（じょう しずく）

４度の結婚を経て、「うまくいく」結婚と「ダメになる」結婚の違いを悟る。出会いのツール「好きと嫌いの魔法５」にて、多くの結婚を後押し。あいじょう合同会社の企画にて幻冬舎からの出版の機会を得る。現在、結婚プロフェッショナルアドバイザーとして活躍中！

シン・結婚《けっこん》
3・5・8の教《おし》えを学《まな》べば、あなたの人生《じんせい》は最幸《さいこう》になる

2024年1月31日　第1刷発行

著　者　　丈 玄空
発行人　　久保田貴幸

発行元　　株式会社 幻冬舎メディアコンサルティング
〒151-0051　東京都渋谷区千駄ヶ谷4-9-7
電話　03-5411-6440（編集）

発売元　　株式会社 幻冬舎
〒151-0051　東京都渋谷区千駄ヶ谷4-9-7
電話　03-5411-6222（営業）

印刷・製本　中央精版印刷株式会社
装　丁　　弓田和則

検印廃止

Printed in Japan
ISBN 978-4-344-94622-4 C0095
幻冬舎メディアコンサルティングＨＰ
https://www.gentosha-mc.com/